综合媒介设计

Cross Platform in Exhibition Design

巫濛　卓嘉　著

中国建筑工业出版社

图书在版编目（CIP）数据

综合媒介设计/巫濛,卓嘉著. —北京：中国建筑工业出版社，2012.11
ISBN 978-7-112-14830-1

Ⅰ.①综… Ⅱ.①巫…②卓… Ⅲ.①传播媒介-研究 Ⅳ.①G206.2

中国版本图书馆CIP数据核字（2012）第254078号

责任编辑：李晓陶
责任校对：张　颖　赵　颖

综合媒介设计
Cross Platform in Exhibition Design

巫濛　卓嘉　著

*

中国建筑工业出版社出版、发行（北京西郊百万庄）
各地新华书店、建筑书店经销
北京嘉泰利德公司制版
北京顺诚彩色印刷有限公司印刷

*

开本：880×1230毫米　1/32　印张：$5\frac{3}{4}$　字数：256千字
2012年12月第一版　2012年12月第一次印刷
定价：48.00元
ISBN 978-7-112-14830-1
(22908)

版权所有　翻印必究
如有印装质量问题，可寄本社退换
（邮政编码　100037）

前言

从展示活动看综合媒介设计

设计通常可以分为两类：一类是关于造物的设计，设计的成果是可触、可用、可居的物质实体，包括工业设计、建筑设计、室内设计等；另一类是关于信息传达的设计，设计的目的在于让人理解某些内容、接受某个观念，包括视觉传达设计、人机界面设计等。在更广泛的信息传达领域有更多的媒介与媒介形式，信息与媒介犹如鸡生蛋、蛋生鸡的关系，不用去探寻其渊源，它们相互促进着彼此的增长与发展，创造出了异常丰富的信息海洋，深广无边，受众的注意力成为了被争夺的资源，设计成为了争夺的工具。

在信息海洋中，同样的内容可以通过很多种媒介形式去传达。如宣传环保，可以通过以语言为载体的人际传播——交谈、演讲、上课，也可通过以文字、图像为载体的纸质媒介——报纸、书刊、海报，还可通过以视频与声音为载体的电子媒介——电视、广播以及传统的表演——戏剧、音乐会等，更可通过如今热门的新媒体——网络、手机。新媒体融合了文字、图像、视频等多种信息表达方式，并加入了互动，使信息传达从媒介到受众的单向度，变为双向或多向度，也使信息传达的媒介由单一向综合发展。

还有一种途径也常被使用但通常没有被纳入媒介的范畴，即展示活动。笔者曾经看过一个有关环保的小小的专题展览，深受触动。展览名为"BAG"，即 Bags Across the Globe：Designing to Reduce Waste（跨越全球的手提袋：以设计减少浪费），在 UC Davis（加利福尼亚大学戴维斯分校）的设计博物馆，展览面积大约 100 平方米，展出了该校 Ann 教授两年多来"可持续设计实践"的研究与课程成果。展览中大量展品是各种可重复使用的手提袋，有过去人们常使用的，有来自其他十几个国家的，有学生用废旧材料重新设计制作的。展览中最吸引眼球的是"塑料袋龙卷风（Tornado）"装置作品。美国加利福尼亚州每对夫妻一年使用的塑料袋平均为 1000 个，装置作品将 1000 个各种各样的塑料袋构成龙卷风的造型，从地板蔓延到顶棚，底部纳入一个帆布袋中，就像西游记中的神仙用宝瓶收纳了妖怪。龙卷风具有强烈的形式感，收入一个帆布手提袋也给人很直接的启示。最让人吃惊的展品是一团不知该叫什么名字才好的东西，大概40多厘米长，30厘米高，乱糟糟的一团，陈列在玻璃柜中，它是"Camel Bezoar"（骆驼的胃石），是一团没能消化的垃圾，是在一头死去的骆驼的胃中发现的，其主要成分就是塑料袋，它来自遥远的迪拜，震撼着每个参观者的心。

展示可以看作为一种综合的媒介，而且几乎是最为综合的一种媒介。展馆里可以汇集上面所提到的各种介质，文字、图像、视频、表演、讲解、互动等等以及实物、模型等物质性展品，它们实质上也是信息的载体。信息以各种能被感知的形式存在，被有机地组合于展示空间之中，空间环境不再仅仅作为容纳媒介的容器，而在风格形式上与信息内容相呼应，与各种媒介形式相协调，共同达到信息传达的目的，也成了一种信息的载体，成为了信息空间。展示所形成的信息空间将信息的受众，也就是观众包裹起来，观众的身体及感官完全沉浸其中，空间中各种形式的媒介全方位地刺激观众的各个感觉通路，形成一种包裹式的传达，为观众营造沉浸式体验。

展示活动包含很多形式，如博览会、主题展览、博物馆、企业展厅、商业空间（品牌店）、企业自主活动（新品发布会、促销活动等）、庆典活动、主题公园等。世界博览会是展示活动的集大成者，规模最大，内容最丰富，形式最多样，应用的媒介形式也最多、最新。

展示设计既包含信息传达的设计，也包含物质性实体的设计，两者相交融；既要设计展示空间环境，也要设计环境中各种信息载体的形式，是一种综合性极强的设计，从传播的角度看，是各种媒介形式及其有机组合的综合设计。了解各种媒介、理解各种媒介的特点及如何运用，是把握展示设计的重要切入点。

本书提出综合媒介设计的概念，综合运用多种媒介来达到有效的信息传播。从展示活动的角度，将媒介分为环境媒介、非物质媒介与物质媒介三大类，每一大类包含了许多种形式。本书首先进行媒介形式类别的梳理，解析各种媒介形式的特点，然后对每一种媒介形式进行深入分析，评析经典案例；最后深入解读综合媒介设计，通过完整的展示案例，解析如何综合运用各种媒介来表达内容，即如何运用恰当的媒介、创造有吸引力的形式来完成展示活动。

图 0-1 Bag 展
图 0-2 塑料袋龙卷风
图 0-3 塑料袋龙卷风底部
图 0-4 骆驼的胃石（Camel Bezoar）

希望本书对于设计学、传播学的学生，以及会展业、广告业与设计界的专业人士有所启示、有所帮助。需要说明的是，本书的大量案例来自2010上海世博会，作为展览界的奥林匹克，世博会聚集了全球最先进的媒介手段，汇集了全球最丰富的展示形式，的确值得研究与学习。在书中没有特殊说明出处的"某某馆"均来自2010上海世博会，而其他案例均会注明出处。

目录

前言　从展示活动看综合媒介设计

第 1 章　媒介与形式　| 001

第 1 节　环境媒介的形式与特点　| 001
1. 建筑环境　| 002
2. 再现场景　| 004
3. 表现场景　| 006
4. 虚拟场景　| 006
5. 场景漫游　| 008

第 2 节　非物质媒介的形式与特点　| 008
1. 传统表演　| 008
2. 实景表演　| 012
3. 综合剧场　| 012
4. 影像剧场　| 014

第 3 节　物质媒介的形式与特点　| 018
1. 实物　| 018
2. 模型与图表　| 020
3. 装置　| 020
4. 新媒体　| 022

第 2 章　环境媒介　| 024

第 1 节　建筑环境　| 024
1. 分离　| 024
2. 交融　| 026
3. 消解　| 030

第 2 节　再现场景　　　　　　　　　　　　　| 030
　　1. 复原式再现　　　　　　　　　　　　　| 032
　　2. 布景式再现　　　　　　　　　　　　　| 032
第 3 节　表现场景　　　　　　　　　　　　　| 034
　　1. 具象的重构　　　　　　　　　　　　　| 034
　　2. 意象的营造　　　　　　　　　　　　　| 038
　　3. 抽象的写意　　　　　　　　　　　　　| 044
第 4 节　虚拟场景　　　　　　　　　　　　　| 050
　　1. 线性空间　　　　　　　　　　　　　　| 050
　　2. 片段重构　　　　　　　　　　　　　　| 052
第 5 节　场景漫游　　　　　　　　　　　　　| 052
　　1. 真实场景漫游　　　　　　　　　　　　| 054
　　2. 混合场景漫游　　　　　　　　　　　　| 054
　　3. 虚拟空间漫游　　　　　　　　　　　　| 056

第 3 章　非物质媒介　　　　　　　　　　　| 060

第 1 节　传统表演　　　　　　　　　　　　　| 060
　　1. 正式的舞台剧　　　　　　　　　　　　| 060
　　2. 搭台唱大戏　　　　　　　　　　　　　| 062
　　3. 身边的小剧场　　　　　　　　　　　　| 064
　　4. 助兴表演　　　　　　　　　　　　　　| 064
　　5. 特殊表演　　　　　　　　　　　　　　| 066
　　6. 技艺表演　　　　　　　　　　　　　　| 066
第 2 节　实景表演　　　　　　　　　　　　　| 068
　　1. 广场表演　　　　　　　　　　　　　　| 068
　　2. 展厅表演　　　　　　　　　　　　　　| 068
第 3 节　综合剧场　　　　　　　　　　　　　| 070
　　1. 新媒体与人互动出演　　　　　　　　　| 070

  2. 电影大片 + 舞台表演　｜ 072
  3. 表演配合影像　｜ 074
 第 4 节　影像剧场　｜ 076
  1. 全包围影像　｜ 076
  2. 环绕影像　｜ 078
  3. 半包围影像　｜ 080
  4. 零散包围影像　｜ 084
  5. 漫游影像　｜ 084
  6. 单面影像　｜ 086
  7. 中心影像　｜ 090

第 4 章　物质媒介　｜ 094

 第 1 节　实物　｜ 094
  1. 单品重点陈列　｜ 094
  2. 系列成组展示　｜ 096
  3. 情境展示　｜ 100
 第 2 节　模型与图表　｜ 102
  1. 真实再现　｜ 102
  2. 概括说明　｜ 104
  3. 传情达意　｜ 106
 第 3 节　装置　｜ 108
  1. 艺术装置　｜ 108
  2. 内容装置　｜ 110
  3. 技术装置　｜ 112
 第 4 节　新媒体　｜ 112
  1. 演示视频　｜ 120
  2. 界面交互　｜ 120
  3. 空间交互　｜ 122

  4. 增强现实 | 122

第 5 章 综合运用 | 125

第 1 节 单纯与丰富 | 125
  1. 西班牙馆 | 125
  2. 印尼馆 | 126
  3. 芬兰馆 | 128
第 2 节 丰富与节奏 | 136
  1. 德国馆 | 136
  2. 日本馆 | 146
  3. 中国馆 | 148

后记 形式的盛宴 | 158
附录 1 第二次世界大战后历届世博会主题 | 168
附录 2 2010 上海世博会各场馆主题内容 | 169

第1章 媒介与形式

环境媒介、非物质媒介与物质媒介,在通常情况下依此顺序,媒介类型所产生的吸引力在递减。这样的排序也许不太符合传统习惯,但它反映了媒介发展的真实状况。每一类媒介有若干表现形式,都可以从实物到虚拟梳理出一条线索,并大致分类。环境媒介可以基本分为建筑环境、再现场景、表现场景、虚拟场景以及漫游场景。非物质媒介的表现形式可以基本分为传统表演、实景表演、综合剧场与影像剧场。物质媒介可基本分为实物、模型与图表、装置及新媒体四类(参见表1-1)。各种媒介与形式之间并没有严格的界线,存在许多跨界的灰色地带,在向数字化、虚拟化的发展中,也产生了许多难以界定的概念。如加拿大馆内有块屏幕由许多凸凹错落的立方体构成,影像与凸凹的形体配合得十分精巧,类似建筑投影,可以看作是个开放式的小影院,也可以看作是个略带装置感的新媒体展品。

展示媒介分类 表1-1

媒介类型	环境媒介	非物质媒介	物质媒介
展示形式（实物→虚拟）	建筑环境	传统表演	实物
	再现场景	实景表演	模型与图表
	表现场景	综合剧场	装置
	虚拟场景	影像剧场	新媒体
	场景漫游	综合	

第1节 环境媒介的形式与特点

环境即展示活动的空间环境。自水晶宫伊始,展馆建筑以其提供的新颖的室内外空间环境,成为了世博会上重要的参观对象,成为了环境媒介的鼻祖。自然奇观、历史遗迹、异域景观等大尺度景物也相继被移植、再现于展馆之中，成为了环境媒介。多年前开始盛行的各种世界公园、民族风情园、微缩景观也属此类。随着数字技术的快速发展，展示环境也朝虚拟化发展，营造环境的手法不断丰富。根据环境的形式与内容，大致可以分为四大类：建筑环境、再现场景、表现场景与虚拟场景，另外还有一种特殊的参观形式——场景漫游。（参见表1-2）

环境媒介的形式与特点 表1-2

环境媒介的形式	特点	代表案例
建筑环境	展馆内外形式高度统一，以建筑本身的内部环境为展示环境，建筑环境即展示媒介，也是展示内容	丹麦馆、挪威馆、荷兰馆、英国馆、印尼馆
再现场景	以写实、复原的手法展示另一时间空间的情境，完全再现其景物，达到穿越的效果	尼泊尔馆、城市足迹馆（特洛伊之城）、哈萨克斯坦馆（冬厅）
表现场景	以写意的手法围绕展览主题营造某种空间环境，或现实生活中不存在的情境	俄罗斯馆、城市人馆、滕头案例馆、太空家园馆、波兰馆、越南馆
虚拟场景	空间场景几乎全部用数字影像来表现	中国馆（清明上河图）、城市未来馆（序厅）、城市足迹馆（序厅）
场景漫游	一种特殊的参观形式，观众乘坐特定的游览装置、沿着设定好的轨道路线来观看，场景可以是以上形式的一种，或多种形式的结合	中国馆（探索之旅）、瑞士馆（缆车游览）、沙特馆

1. 建筑环境

指建筑内外的形式高度一致，以展馆建筑本身的内部环境为展示环境，几乎没有为了展示展品而特别附加在建筑内部的装修和设备，同时，高品质的建筑本身也成了展示媒介与展示内容。在现代展览开始之初，展示观念还很弱，尚没有专业的展示设计，以建筑环境为展示环境可以看作一种原始的展示形式，水晶宫即如此。时至今日，展示设计形成了自己独特的设计语言，

图 1-1、图 1-2　加拿大馆
图 1-3　挪威馆
图 1-4　韩国馆
图 1-5　英国馆

展馆内部的展示环境大多与建筑结构本身没有任何关系。建筑环境这种形式反而成为了一种独特的设计手法——建筑与展示完美结合，好似清水芙蓉一般浑然天成，观看展示的同时可以欣赏建筑的美。就像在某些建筑设计中，承力结构具有一种独特的美，不需将其遮盖进行再次装饰，例如西方古老的砖石拱券、东方古老的大屋顶木举架。上海世博会的丹麦馆、挪威馆、荷兰馆属于这一类，它们的建筑都较通透、开放，观展时不经意之间可以看到蓝天白云。其局限在于受到自然光的影响，展示效果比较难以控制，展品类型受到一定限制。

这一类展馆区别于那种外观形式新颖独特、但与内部展示环境没有丝毫联系的展馆，例如西班牙、阿联酋、日本、韩国等馆——这种类型的展馆很多，它们大多运用现在流行的表皮处理，使展馆外观与展示内部空间完全分离。这类展馆也区别于那种展品建筑——建筑是件大展品，仅展示它自己而不具展示其他展品的功能，例如 1889 年巴黎世博会留下的埃菲尔铁塔，1929 年巴塞罗那世博会上密斯设计的德国馆，它们成为了建筑设计的经典，但几乎与展示无关。

英国馆的种子圣殿是个特殊的综合体，巨大的蒲公英状的建筑可以看作是件展品建筑或者是个大装置，各样种子是其中不可剥离的元素，并非通常意义的展品。英国馆同时也是一座具有展示功能的展馆，"蒲公英"与其展开的包装纸并营造了一个超现实的建筑环境，其中呈现着英式幽默的实景表演、未来植物与绿色城市规划等展项。

2. 再现场景

再现场景以写实的手法复原某一历史情境或将其他空间的场景移植到展馆中，真实再现彼时彼地的场景、景物，创造身临其境的效果。1970 年大阪世博会美国馆宇航展厅，不仅展示了宇航器、月亮石等实物，还展现了 1969 年美国宇航员登陆月球的情景，轰动一时。2010 年上海世博会，尼泊尔馆由仿古建筑群构成，工艺精湛，一丝不苟，展馆建筑成为了古老的加德满都的城市缩影。城市足迹馆讲述了人类城市的发展历程，其中城市起源厅的"特洛伊之城"借鉴了舞台布景的方法再现了大战之后的场景。而哈萨克斯坦的

图 1-6 尼泊尔馆
图 1-7 城市足迹馆
图 1-8 哈萨克斯坦馆
图 1-9 滕头案例馆
图 1-10 俄罗斯馆

冬厅内温度控制在零度以下,采用真雪造景。在影像信息不发达的时期,再现场景是一种很有表现力的手法,但如今却略显呆板与笨拙,因此完全的真实复原已经很少见,场景中或多或少地结合新媒体以创造灵动而变化的效果。

3. 表现场景

表现场景以写意的手法围绕展览主题创造某种空间环境,或营造现实生活中不存在的情境。表现场景可以是具象的或抽象的,不拘泥某种形式,重在表现主题和内容,因而可以看到非常多样化的呈现。

俄罗斯馆的主展厅里到处是巨大的花朵、奇异的小屋,用具象的手法营造了一个梦幻的童话世界。滕头案例馆抽取了当地的具象元素:老旧的砖瓦、池塘、稻田、起伏的坡路……抽象地表现了当地的生态环境。在城市人馆中,多个主题空间各自用一个主要的具象元素来构建,比如用图书搭建起了学习空间,用啤酒箱建筑了商业空间,巨大而夸张。太空家园馆的太空漫步展厅运用了大大小小悬浮的球体营造出太空的意象,因为球体是从宇宙星球中提取的最基本的造型。波兰馆的内部展示空间延续了展馆外立面上的剪纸元素,营造出光影斑驳的环境,抽象的形态为观者留下了无限的想象空间。山东馆用单纯的线条塑造山与海的意象。越南馆比较特殊,内部空间宛如完全用竹子搭建的教堂,配以明丽的玻璃吊灯,自然朴实的东方材质构建出纯正的西方经典空间,透露着一种混杂的文化,是一种抽象意味的表现。表现场景中可圈可点的案例很多,灯光、影像等新媒体自然是其中越来越重要的组成部分。

4. 虚拟场景

空间场景几乎全部用影像来表现,形成可看而不可触及的虚拟场景。每一个虚拟场景就是一部 3D 大片。虚拟场景具有最宽泛的自由,无论历史或未来,无论现实或想象,不怕做不到就怕想不到。然而,做到并不容易,成功案例不多。让人印象深刻的是中国馆的清明上河图、意大利馆中表现文艺复兴艺术的空间影像,而城市足迹馆和城市未来馆的几个大展厅里充斥的虚拟场景,内容和影像制作水准并没能跟上豪华的形式。

图 1-11 太空家园馆
图 1-12 城市人馆
图 1-13 波兰馆
图 1-14 越南馆
图 1-15 山东馆

5. 场景漫游

场景漫游是一种特殊的参观形式，即观众乘坐特定的游览装置、沿着设定好的轨道路线观看场景，场景可真实可虚拟，或多种表现手法相结合，无论哪一种，空间都是真实的，可游走其中。对于习惯了在数字空间里漫游的今天，这是一种比较罕见的真实漫游。2005年爱知世博会的德国馆，观众全程乘坐水滴形状的有轨电车，吸引了世博园中最长的队伍。2010年上海世博会上，瑞士馆一板一眼地搭建起了观光缆车，将观众带到屋顶上观赏高山草甸的瑞士风光。中国馆的第二展区"寻觅之旅"也采用了乘坐小火车的形式，让观众亲身穿越古今的城市建设。

第2节 非物质媒介的形式与特点

非物质媒介源于各种传统技艺展示和文艺表演。技艺展示由手工艺人在展馆中现场制作，文艺表演是在专业的舞台上由演员进行传统形式的演出。就像剧院越来越少，电影院越来越多一样，"表演"的虚拟化程度也越来越高，越来越多的现场真人表演被各种形式的影像的"虚拟表演"所替代。也像电影永远无法完全替代舞台剧一样，在铺天盖地的大屏幕中，世博会的某些展馆中仍然上演着各种各样的演出[1]，并且在与各种新媒体相互借鉴与融合中产生出许多新的表演形式。从真人演出到虚拟表演，非物质媒介的形式可以基本分为传统表演、实景表演或街头表演、综合剧场与影像剧场。（参见表1-3）

1. 传统表演

传统表演可以分为文艺表演与技艺展示两类，其共同特点是有真人在现场。相对于影像，文艺表演现场表演的内容局限性大，组织与运营难度高，

---

[1] 这里的演出、表演指展馆中展示的组成部分，不包括世博园中各种专门的剧场、舞台上演的文艺演出。

图 1-16 中国馆
图 1-17 意大利馆
图 1-18 瑞士馆
图 1-19 中国馆

非物质媒介的形式与特点　　　　　　　　　　　　　　　　　　　　　　　表1–3

非物质媒介的形式	特点	代表案例
传统表演	文艺表演：在专业的舞台上由演员进行传统形式的演出	日本馆、越南馆、印尼馆、台湾馆、菲律宾馆、加拿大馆、韩国馆、哈萨克斯坦馆、生命阳光馆（盲人足球）
	技艺展示：手工艺人在展馆中现场制作	意大利馆（手工作坊）、法国馆（米其林厨房）、斯里兰卡馆（传统手工艺）、新西兰馆（刻独木舟）
实景表演	在非正式的表演场地，结合环境情境进行的表演，与环境和游客有较好的互动	英国馆（广场表演）、法国馆（LV树）
综合剧场	综合了演员、影像、新媒体等多种形式的剧场演出	德国馆、上汽通用馆、韩国馆、安徽馆
影像剧场	表演完全由影像完成，相当于电影院	台湾馆、电力馆、沙特馆、以色列馆、上海企业联合馆、冰岛馆、阿联酋馆、中国馆（历程）、摩纳哥馆、太空家园馆、泰国馆、印度馆、城市人馆、澳大利亚馆

试想一天12小时不间断的循环演出要坚持半年，表演频率之高、场次之多与普通的剧院演出完全不同，因此采用不多。技艺展示是带有表演性质的手工工作，比较随意。

　　文艺表演的形式较多，规模大小不等，因形式不同而在展馆中的重要性不同。如在加拿大馆和韩国馆的庭院中有开放剧场，表演主要是给迂回环绕的队伍解解闷；印度尼西亚馆的入口庭院一侧有个开放式的小剧场，上演传统器乐舞蹈，可以让疲惫的观众歇歇脚；台湾馆里怪异的现代舞与菲律宾馆里热情的乐队演唱是展馆中精美的点缀。越南馆中的传统器乐表演及水上木偶占据了中心位置，但其开敞的环境与惊艳的空间有效地分散了观众的注意力，使表演效果大打折扣。唯有日本馆让传统的剧场表演在展馆中举足轻重，颇具匠心的演出占据了展示内容近一半。还有生命阳光馆的"盲人足球"表演，其特殊性带给观众非同寻常的感受。（参见第3章）

图 1-20　台湾馆

图 1-21　日本馆

图 1-22　新西兰馆

图 1-23　斯里兰卡馆

技艺展示相对文艺表演规模小，操控性强一些，往往成为展厅中的亮点，不时地闪现。意大利馆搬来了传统手工作坊，法国馆搬来了米其林厨房，现场制作经典时尚；新西兰馆带来几个壮汉，在馆外雕刻传统的独木舟；斯里兰卡馆一如既往地搭起几个小展台，传统手工艺人泰然地坐在上面纺纱织布、雕刻木头[①]。其实这种真人秀比任何影像都更具魅力，但需要为其创造适当的环境。法国馆的方法比较好，提供一个正常的工作环境，厨师们如常地工作而不是刻意表演。（参见第 3 章）

2. 实景表演

实景表演这种非剧场的表演来源于街头表演，可以在展厅或广场的任意地方进行，充满随意性和趣味性。英国馆的广场上，不时有梦游者或拎着公文包的白领在挥洒着英式幽默，给劳累的观众带来欢声笑语。法国馆有时尚女郎在 LV 展区以箱包为道具独舞。这种忽然出现在身边的表演通常会带给观众意外的惊喜，在世博会上并不多见。

3. 综合剧场

综合剧场是电影院、剧院与新媒体的结合，演员、影像、新媒体等各种形式都是舞台上的重要组成，通常成为一场拼创意、拼综合能力的较量。德国馆的"动力之源"最为人关注，巨大的 LED 球、两名主持人和观众共同完成了整场演出，影像与演员表演平分秋色。其他的综合剧场大多以影像为主。上汽通用馆的剧场最具世博特色，3D 制作的"大片"完美地涵盖了未来、城市、产品、品牌、亲情等所有世博会应该表达的主题，大片之后还有小朋友和概念车的舞台表演。韩国馆的剧场在世博主题的影片结束之后，一位韩国美女上台"独舞"，最后走下台抱起一名小观众，带领观众走上舞台，舞台背景大幕随之打开通向另一个展厅。让人颇感温馨与憧憬，在展示序列上起到了很好的转承作用。西班牙馆的第一个展厅好似一个幽深的山洞，洞内两侧巨大的影像极具震撼力，

---

① 上海世博会的斯里兰卡馆与爱知世博会的几乎完全一样，坐在展台上表演传统手工生产的工匠可能都是一样的。

图 1-24　纽约街头表演
图 1-25　英国馆
图 1-26　韩国馆
图 1-27　德国馆
图 1-28　上汽通用馆
图 1-29　西班牙馆

期间穿插着美丽的西班牙女郎的弗拉明戈舞。爱知世博会的丰田馆中，真人与机器人同台演出。综合剧场很能体现展览组织者的用心，把诸多元素综合一起演出比单纯的影像或传统的表演在组织工作上更复杂。

4. 影像剧场

1967年美国《时代周刊》曾评论："1967年世博会是电影胶片构建的城市，几乎在每个展馆，观众都是投影仪的目标。"今天的世博会则是数字影像构筑的乐园。各种形式的数字影像应用于各种展示之中，尤其体现在影像剧场中。影像是剧场中唯一的表演，剧院从而成为了电影院。然而世博会中的"电影院"绝对不是普通的电影院，影院变幻无穷的形式足以让观众眼花缭乱，也足以让研究者心烦意乱。按照影像技术可以分为普通2D、3D、4D、高清、幻影成像等，按照影像的表现形式可分为摄像、3D动画、真人与3D动画结合、平面动画等，按照屏幕可以分为直幕、弧幕、折幕、异形、超大、水幕、雾幕、透射幕等。无论怎么分类总是难以逃脱以偏概全的尴尬。最后找到了一种新的梳理方式——以影像覆盖影院空间内表面的多少为标准，即影像对观众的包裹程度，比较时尚的说法是影像所创造的不同程度的沉浸感。（参见表1-4）

相比较，全包围影像的沉浸感最强，其中利用镜面造成全包围的效果是种取巧的办法，震撼力会削减很多。中心影像剧场的沉浸感最弱，它移植了体育馆的空间形式，但对于影院而言比较新颖。中心影像也给影像的表演形式提供了更多创造的可能性。比如澳大利亚馆，三块相同的弧形屏幕组成不完整的环状，从台下旋转上升，影像好像也随着屏幕不停地旋转，屏幕环内还有个布景台，与屏幕不断交替上下，颇为炫目。漫游影像与场景漫游异曲同工，澳门馆内是个螺旋形的大影像厅，影像沿着坡道一侧依次展开，澳门的著名景观随之一一成像，引领观众游遍澳门。

不少展馆都有一个影像剧场作为展示的重点核心，阿联酋馆则登峰造极，所有展示都是影像，排队区的电视上有阿联酋公主用中文致欢迎词，第一展厅是比较简单的单面直幕，第二个展厅是绚丽的零散影像，最后一个主厅是异形弧幕。一个馆有三个电影短片和一段电视短片，简直是把世博会当电影节了。

图 1-30　城市生命馆

图 1-31　以色列馆

图 1-32　阿联酋馆

图 1-33　城市人馆

图 1-34　城市生命馆

影像剧场分类与特点　　　　　　　　　　　　　　　　　　　　表 1-4

类型		特点	案例
全包围影像	球幕	球形空间,全部覆盖影像,观众完全被影像包围	爱知世博会日本馆、台湾馆
	矩形六面幕	矩形空间内的六个面都覆盖影像,观众完全被影像包围	国家电网馆
	镜像全包围	影院空间内表面以一部分面覆盖影像,另一部分用镜子来反射影像,感觉完全被影像包围	爱知世博会三菱未来馆、沙特馆
环绕影像	环幕	圆形空间,前后左右360°连续被影像包围	以色列馆、上海企业联合馆、城市人馆、城市生命馆、世博博物馆
	四面幕	矩形空间,前后左右四面被影像包围	冰岛馆
半包围影像	折幕	三面幕以直角或钝角连接,呈半包围	中国馆
	弧幕	通常180°或120°弧幕,呈半包围	新加坡馆、中国船舶馆、阿联酋
	穹幕	顶面呈半球形,类似天文馆	城市地球馆
零散包围影像	零散包围影像	空间中到处是零零散散的小影像	阿联酋馆、国际红十字会馆
漫游影像	漫游影像	影像沿参观路线移动,伴随观众	澳门馆
单面影像	影院幕(前面)	一面直幕在观众前方,如普通电影,有3D、4D、高清等多种影像形式	摩纳哥馆、太空家园馆、中国铁路馆、石油馆、万科、中国馆(同一屋檐下)、波兰、葡萄牙、瑞士、阿联酋、思科、哈萨克斯坦、伊朗、国际红十字会馆
	天幕(顶面)	影像在头顶上,抬头或仰卧观看	城市地球馆
	地幕(地面)	影像在视平线下的平面上	城市地球馆、爱知世博会山水梦境馆
中心影像	中心影像	影院布局像体育馆,中心是影像,观众围坐四周观看	澳大利亚馆、印度馆、韩国企业联合馆

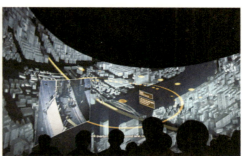

图1-35 城市地球馆
图1-36 思科馆
图1-37 澳大利亚馆
图1-38 澳门馆

第 3 节 物质媒介的形式与特点

在早期的世博会照片中可以看到许多实物在展厅内——摆开,有点像集市,这是最初的以实物为主的物质媒介展示。实物的魅力如真人秀一般不可被完全替代,同时实物也在向虚拟化发展,根据虚拟化程度可以分为四类:实物、模型与图表、装置、新媒体。(参见表1–5)

模型与图表是忠于现实存在的再现或提炼概括,让人一目了然。装置作品借鉴艺术创作手法或来源于艺术作品,综合运用各种物质和媒介(包括数字媒介)来表现某种观念或思想。虚拟化的极端是完全数字化的新媒体,由电子媒介承载,无论演示类或互动类,本质上是非物质的。各种媒介形式的混搭与交融是必然趋势,分类只是将其按照一定的逻辑条理化,以更好地理解。在这里按照物质媒介从实物到虚拟的发展轨迹来看,故将新媒体归类于此。

物质媒介的形式与特点　　　　　　　　　　　　　　　　　　表 1–5

物质媒介的形式	特点	代表案例
实物	最真实地展现	印尼馆、比利时馆、荷兰馆、芬兰馆、瑞典馆、意大利馆、法国馆、中国馆、世博博物馆、爱知世博会意大利馆、德国馆、上汽通用馆、日本馆
模型与图表	忠于实物的再现	世博博物馆、城市足迹馆、土耳其馆、比利时馆、中国馆(低碳行动)
装置	通过综合艺术的形式表现理念	法国馆、城市地球馆、城市未来馆、生命阳光馆
新媒体	以演示或互动的数字媒介为核心	德国馆、台湾馆、公共参与馆、奥地利馆、芬兰馆

1. 实物

实物展示是最原始的展示形式,任何物品只要凝结着人类智慧、表现着人类文明都可以作为展品,主要包括文物、传统工艺品、优秀的设计作品和艺术作品、生活用品、生产工具等。它们是博物馆的主角,也是世博会等各种展会的重要内容之一。展示方式可分为单品重点陈列、系列成组展示与情

图 1-39　世博博物馆

图 1-40　芬兰馆

图 1-41　上汽通用馆

图 1-42　比利时馆

图 1-43　城市未来馆

境展示。单品重点陈列主要用于珍贵的文物，如世博博物馆中展示的爱迪生发明的第一个电灯泡；系列成组展示适用于多个物品，它们在某种性质上属于同一类，如芬兰馆里的客厅用品、印尼馆里的一系列的传统割稻工具；情境展示为展品构建了它存在的环境，可单件也可成组，如上汽通用馆里的概念车停在未来城市的背景中，日本馆中用传统家居器物组成了传统居室的一角，展现了传统生活的一个小场景。

2. 模型与图表

模型与图表都是比较传统的展示手段，经常在博物馆、科技馆等各种展厅中看到。它们忠实于现实存在，是对现实存在的一种模拟或归纳概括。"现实存在"可以是实物或事实，可以是历史上曾经存在的，也可能是未来将要发生的。模型与图表优势在于实物的非线性，可以大批量地同时展现在空间中，让人一目了然，而不必像影像一类的时间艺术，需要停下来线性地观看。在影像不发达的时代，模型与图表大量出现在各种展览中，特别是政府主导的成就展一类，表现形式也较单一，其本分的出身总给人留下"老土"的印象。如今这种本分在展馆中所占比例不高，而展示效果大有提高，其中一部分以可视化图形的新锐姿态出现，通过专业的设计让人感觉时尚而明朗，如比利时馆与德国馆中使用的图形图表。另一部分顺应数字化发展，结合新媒体，效果更丰富。如在城市足迹馆的城市起源中，古老的乌尔城化身为可变动的沙盘模型，演绎了从荒原发展到城市一步步的变化，其背景的宝石影墙更增添了几分灵动与神秘，宝石影墙由特殊的石材拼成投影屏，斑驳而绚烂，与展现古老生活的影片相得益彰。

3. 装置

装置艺术兴起于 20 世纪六七十年代，具有开放性与综合性，它自由地使用绘画、雕塑、建筑、音乐、戏剧、录像、摄影、电脑等任何能够使用的手段，表现后现代的繁绪。装置类媒介借鉴了装置艺术的思路与手法，形式丰富多彩。前面列举的一些案例也可看作是装置作品，如英国馆的种子圣殿、德国馆的动力大球、宝石影墙与变形沙盘。还有很多更为典型的作品，是为

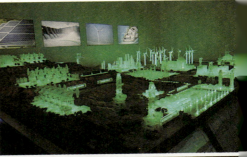

图 1-44　城市未来馆
图 1-45　法国馆 嗅觉装置
图 1-46　法国馆 触觉装置
图 1-47　城市人馆"工作"装置
图 1-48　城市地球馆"水"装置

表达某个理念而专门设计制作的装置作品。如法国馆利用装置的无所不能开启了人们所有的感官——味觉、触觉、听觉、嗅觉、视觉。在城市人馆的"工作"展区，设置了一台被隐喻为"工厂、证券交易所和时钟"的大型机器，上面有许多大小不一的屏幕，呈现不同城市中人们的工作情况。

4. 新媒体

毫不夸张地说，数字化已经侵入了世界上所有的存在，为人类的创造提供了新的无限可能，以数字化为基础的新媒体展示也在努力创造新奇。新媒体展示大致可分为演示与互动两类。演示类通常是小尺度的影像短片，在各种电视、显示器与投影上播放，早已泛滥而缺乏吸引力，其创新在于影像与展示环境的结合，其魅力在于影像的创意与制作水平。瑞士馆用两块大液晶显示器竖着拼成一人多高，于是与真人一样大小的影像人出现在观众身边，就像真的朋友在你身边诉说着什么，让冰冷的电子设备有了温情。在德国馆的人文花园里，满墙的图像春意融融，一家人在庭院中午餐，桌上的食物原料、厨具、餐具自动上演了烹饪、备餐、用餐的全过程，好一段精巧可爱的动画。一旁的鸽子屋中停着几只鸽子在休息，轻拉一下钟铃的绳子，鸽子随钟声飞舞出来。精心的设计使单纯的演示与极简单的互动带来出乎意料的愉悦。

互动是新媒体展项独特的引人之处，几乎成为了公众追求的时尚。互动建立在技术、硬件与创意的基础上，技术与硬件永远都有难以超越的瓶颈，因而技术简单稳定而创意精巧才能产生好的效果。这样的案例并不多见，如台湾馆的放天灯（参见第 4 章）、芬兰馆的留影留存互动影像。更多的新媒体互动没有充分考虑现实的制约，一味追求所谓的高科技带来的绚烂形式，结果欲速不达。如颇受追捧的大型多触点桌面，目前主要停留在演示阶段；以动态影像捕捉技术为基础的互动游戏，大多受制于芯片速度也无法流畅完成；新媒体互动展项经常徒留一堆庞大的设备躯体、一段不知所指的影像和一脸茫然的观众，这种情况在相对发达的发展中国家的展馆里尤其多见，可能由于自身的欠发达而更盲从所谓的高科技，也是身体走得太快而灵魂没赶上的一种表现吧。

图 1-49 瑞士馆
图 1-50 芬兰馆
图 1-51 德国馆

第2章 环境媒介

"沉浸感"这个词通常与数字技术、虚拟现实等高科技的东西相联系。其实，每个人每天都沉浸在各种环境之中，或舒适宜人，或平淡得没有感觉，或让人想逃离。环境与空气一样无时无处不在，环境中蕴含着的丰富信息无时无刻不浸润着每一人，也许没有很具体的内容，但是它所带来的整体性感觉会侵入身体与心灵。作为媒介的环境是为了传达某些特定的信息而营造的特定的环境，它蕴含了更丰富的信息，包容了更多样的信息载体，这就要求它以更独特的形式去创造更能沁人心脾的沉浸感。

第1节 建筑环境

建筑的博大精深让人敬畏，优秀的建筑蕴含着无尽的能量，改变着环境、改变着生活。展馆建筑除了具有建筑本身的特质之外，兼具媒介的性质，其媒介性同样蕴含着惊人的力量。如何使建筑既满足展馆的基本功能，又兼具更多的意义，成为一种名副其实的媒介，这是一个新课题。这里只作粗浅的探讨。按照建筑与展示的关系，略分为三个层次：分离、交融与消解，三层关系层层递进，直至建筑与展示融为一体。

1. 分离

分离意味着展馆建筑与展馆所承载的展示内容和展品相对独立，即使建筑的形式已经因循展览主题而进行创作，已经带有了浓烈的主题信息，展馆依然保持着强烈的建筑本体性。如为人所熟悉的中国馆，无论解释它具有多少象征意义，展馆还是展馆，建筑体与内部的展示并没有什么关系。挪威馆也是一个很好的案例。

- 挪威馆——挪威的森林

挪威馆的灵感来自挪威冰天雪地中的森林。15个高低不等的树形结构

图 2-1、图 2-2 挪威馆

图 2-3 挪威馆 森林区

图 2-4 挪威馆 峡湾区

图 2-5 挪威馆 展示细节

图 2-6 挪威馆 展品

支撑起白色的帐篷结构屋顶,伸展的挑梁与起伏的屋面如海岸徐徐延绵,又似山峦逶迤前行,国家典型的自然景观抽象浓缩到了建筑之中。展馆内外使用了大量松木和竹材,让人不禁想伸手触摸,体会展馆所营造出的自然气息与北欧风味。挪威馆具有强烈的形式感与观赏性,无疑是件可观可游的大展品。

展馆内的建筑结构一览无余,白色的帐篷顶散射着柔和的自然光,所有的展墙都不到顶,展墙高低起伏呈自然几何形态,与建筑浑然一体。徒步其中,好似在一座城市,又恍惚在森林之中,只让人想起"挪威的森林"这几个字。随着蜿蜒曲折的展线,观众探索到不同的挪威风景:海岸区以一个薄雾通道,配合投影营造出朦胧变换的景观,展现健康能源的应用;森林区则将树根的形态延伸,形成高低起伏的曲线形展墙,展墙嵌入大小不等的显示屏,形成层次丰富的抽象景观,展现可持续材料的使用;峡湾区将竹制板材堆砌成岩石的形态,镶嵌其中的显示屏如瀑布一样倾斜而下,形成独特的视觉效果,展现挪威独特的水文化;北极区以玻璃盒子模拟出冰雪的环境,实物展品与视频影像穿插其中,渲染出冰天雪地的北极景观,并展现挪威的海产资源,其中最有趣的展品是一段一尺多长的真的冰柱,名为"十岁的冰"。

整体上看,挪威馆内外一体,内部展示完全以朴实自然的建筑结构为背景环境,浑然天成。然而,展品与展馆没有必然的联系,展品本质上仍然保持着独立的状态,无论小型的视频还是实物,放在其他展馆依然成立。尽管展馆散发着与展览主题一致的信息,具有很强的媒介性,但它仍然是个独立体,也可以展示其他展品或另作他用。

2. 交融

交融是展示内容与展示环境的融合,而展示环境是原汁原味的建筑环境,建筑与其中的各种媒介形式水乳交融,共同成为不分彼此的环境媒介。

- 丹麦馆——蜿蜒的城市

身处丹麦馆之中,一定有跳上自行车的冲动。这个蜿蜒起伏、形似"8"字的场馆,室内和室外空间的比例是1∶2,以循环往复道路贯穿,道路分

图 2-7 挪威馆 展品
图 2-8 挪威馆 商务中心位于展厅一角,也在"森林"之中
图 2-9 丹麦馆外观
图 2-10～图 2-12 丹麦馆内部

为人行道与自行车道两部分。自行车道模拟哥本哈根的自行车道，将丹麦颇具代表性的自行车与场馆融合起来，骑自行车游览成为参观丹麦馆的最佳方式，也使场馆本身成为了最核心的展品。展馆成为了城市的缩影，在骑行或漫步中体验哥本哈根城市的感觉，到屋顶享受大自然的蓝天清风，从"城市街道"走进丹麦人的日常生活，享受阳光美食，到"海边"看丹麦国宝"小美人鱼"，或惬意地在喷泉中嬉戏。建筑环境带来很真实的体验，在真实感中又有那么一点点超现实，通体的白色环境构筑出童话般的气氛，从墙上的空洞望出去好像在偷窥世俗的人间。

这样惬意地游程容易使观众忘记身在何处，"城市道路"两侧穿插着一些具体的展示内容，提醒着展览的存在。第一部分"我们如何生活"，由三段视频逐渐展开，短短的视频以片段式的手法展现了丹麦可持续发展的生活方式。第二部分 "我们如何娱乐"则通过周围的图片装置将丹麦人的日常生活融合到场馆中。第三部分"我们如何设想未来"描述了未来技术的探索。影像或图片、文字，无论何种形式都以轻柔的方式出现，温和地依附在建筑之中。展示内容与媒介环境在建筑环境中交融，共同营建了这座蜿蜒的城市。

• 荷兰馆——快乐的街道

与丹麦馆类似，荷兰馆也颠覆了传统的展示空间，以开放的空间形式打造出一条盘旋的"快乐街"，街道连接着26座形态各异的小房子，好似来自童话世界。每个小房子各自是一个微型展馆，展现不同的主题内容。人们在街道上闲逛，疲倦时可以躺在草地上休息或者品尝荷兰的食品，轻松的氛围真的像逛街一样。

"快乐街"隐喻着一座理想城市，26座小屋以生活区、工作区和工业区划分，其间更是有"电影院"、"商店"、"工厂"和"民居"等不同功能空间，共同有机地构成了一座微型城市，展示内容涉及艺术、设计、空间、能源、水利用等各个方面，表现着城市生活的丰富性。每一座房间因主题不同而采用不同的装饰，展品就像室内陈设一样自然地摆放，与环境融为一体，完全看不出展示的痕迹。观众透过窗户观看展览，仿佛真的身处荷兰的街道，增加了真实感和趣味性。

13	17
14	
15	
16	

图 2-13～图 2-15　丹麦馆内部
图 2-16、图 2-17　荷兰馆

3. 消解

消解是建筑的消解，也是展品的消解，两者都放弃了原本的性质，融合在一起，以全新的姿态出现，颠覆了传统概念，以至于很难界定它是建筑或是展品还是别的什么。这样先锋的设计概念首推英国馆。

- 英国馆——难以定义的蒲公英

英国馆由三部分组成，最为瞩目的是蒲公英般的种子圣殿；面积最大的是托着蒲公英的广场，如包装纸般打开，带着起伏的折痕，翘起四角，广场上时不时进行街头表演（参见第3章）；还有包装纸翘起部分下面的室外展区，展示了城市规划、未来植物等绿色环保内容。由于种子圣殿的非凡创意，其他两部分几乎被忽略了。

种子圣殿既深受追捧又饱受争议，首要的争议就是"仅有形式，没有内容"，其实它的形式与内容是完全统一的。它奇特而华丽的外表由6万根7米长的透明亚克力杆以放射状构成，细的一端向外伸展，形成了6层楼高的蒲公英。然而更令人惊叹的是它的内部，每根亚克力杆粗的一端嵌进了一种植物种子，如琥珀一样，端头有序地汇集在一起，形成圣殿的内部空间。阳光透过亚克力杆，使6万多个物种闪耀着自然的神圣光辉，形成了孕育着生命潜能的绚丽画卷，让人肃然起敬——对于大自然、对于生物多样性、对于英国式的先锋创意。这6万根镶嵌着植物种子的亚克力杆既是展品也是建筑，既是环境也是媒介。然而，当你靠近它、进入它时，建筑、展品、媒介等既成的概念都消散了，甚至其物理的形态都消解了，你无法去定义它，你只会沉浸其中，感受它的力量，感悟它的意义。

第2节 再现场景

再现场景以写实的手法复原某一历史情境或将其他空间的场景移植到展馆中，真实再现彼时彼地的景物，创造穿越时空、身临其境的效果，如果制作精良，会产生其他形式难以企及的感染力。这种手法需要一丝不苟的精心雕琢以呈现真实可信的效果，比较费时费力，不太符合博览会快节奏的性格，

图 2-18　荷兰馆
图 2-19、图 2-20　荷兰馆休息区
图 2-21　英国馆外观

18	
19	20
21	

而更符合博物馆尊重史实、追求经典的特质,因而更多地运用于博物馆中。

1. 复原式再现

通常博物馆会使用复原式再现的方法,将不可见的历史事件或者抽象的主题生动地展现在观众面前,加强人们对于内容的理解,加强感染力。但世博会上很少出现这样的场景,因此偶尔使用,其稀有就会带来特别的关注。

· 尼泊尔馆——精美的传统建筑

在众多造型奇特的现代场馆中,尼泊尔馆独辟蹊径,以复原的手法再现了本国的传统艺术。其展馆建筑与加德满都的博达哈大佛塔非常相似,以表现"寻找城市的灵魂"的主题。

尼泊尔馆除采用本国传统的建筑风格和空间格局外,还运用当地原生态的材料——木料、金属、砖片、瓷料和石料等,将装饰艺术完全融入整个场馆之中。尼泊尔馆以这样细致和完整的手法完完整整地再现传统,不仅使观众最真切地感受到其传统文化,而且在众多简洁抽象风格的展馆中独树一帜,产生了出乎意料的效果。

· 加州铁路博物馆——晃动的列车

加州铁路博物馆(California State Railroad Museum)里拥有大量已退休的老爷火车。在高敞的展厅空间中,铺设了铁轨,架设了隧道,建起了小站,有穿着老制服的工作人员为大家讲解,也有塑胶人栩栩如生地工作着,火车仿佛驶回到了往日的站台,每辆车如新生一般熠熠生辉。由于火车体量较大,完全复原难以实现,站台上的昔日片段让人重温一点点旧日时光。当观众走进车厢,时光真的倒转了,伴着车轮与铁轨的轰鸣声,车身微微地晃动着。车厢内完整地保留着原貌,餐车的餐桌上摆着全套的餐具,厨房有厨师在备餐。卧铺车厢灯光幽暗,耳边飘荡着沉睡的呼吸声。邮件车厢内整齐地排列着大邮件包与分信件的小格子——那时为了提高效率、减少邮件递送的时日,直接在运送邮件的火车上进行分拣工作。

2. 布景式再现

由于受到展馆空间的限制,大尺度的场景很难在展厅里进行完全复原式

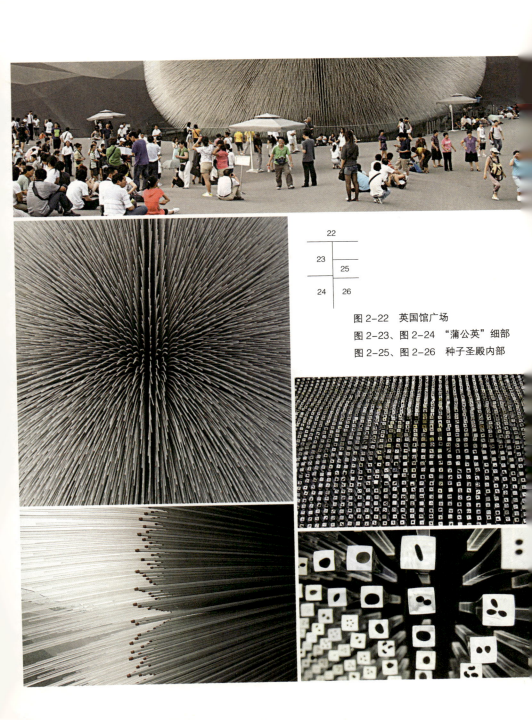

图 2-22 英国馆广场
图 2-23、图 2-24 "蒲公英"细部
图 2-25、图 2-26 种子圣殿内部

再现，因而很多场景需要借鉴一些舞台布景的手法将大场景纳入小空间。

• 城市足迹馆的特洛伊之城——穿越历史

城市足迹馆为了展现人类城市的发展历程，而复原了各种各样的历史场景。在城市起源厅中，有一处幽蓝幽蓝的场景，这里到处是残垣断壁，满地是丢弃的战车、盔甲、陶罐，中央伫立着大木马，这就是特洛伊之城。场景采用了舞台布景的手法，前景真实而细腻，远景是透视关系严谨的背景画，造成深远无边的视觉效果，有重点有层次的照明烘托出神秘悠远的氛围，整体感觉既真实又梦幻，行走其中竟不知身在何处。

• 哈萨克斯坦馆冬厅——盛夏中的冰雪

哈萨克斯坦馆给人的第一感觉是很认真，每个环节都一丝不苟，比如工作人员都身着漂亮的制服，西亚风格的绝对的美女帅哥，还全会讲中文。其中一个展厅门口的美女衣着不同，她身着长大衣，头戴毛帽，欢迎大家来到冬厅，厅内温度控制在零度以下，由人造雪、亚克力制作的冰灯、仿真的山石树木以及喷绘背景构成了盛夏中的冰雪世界。

在室内空间再现自然环境并不容易，尤其在小空间中，尺度、光线、自然的生动感等一系列的难题需要解决，越想追求真实难度越高。在这一点上，虽然冬厅做得很认真，但真实感点到为止，有点不过瘾。

第3节　表现场景

"表现"二字借用自"表现主义"。表现主义艺术家着重表现内心的情感，而忽视对描写对象形式的摹写，它采取的是对现实进行提炼、变形、抽象等表达。带着相似的创作思想，表现场景根据展示主题内容，用各种艺术化的手法去构建非现实的世界。抛开写实的局限，"表现"带来了无尽的创作空间，带来了多样的形式与丰富的意味，更符合世博会的性格，因而世博会中运用较多。

1. 具象的重构

具象的表现场景运用具象形态的景物构筑出表达具体内容的场景，选择

图 2-27 ~ 图 2-29　尼泊尔馆
图 2-30、图 2-31　加州铁路博物馆

的表达元素是具体的,如花朵、亭子,尽管是重新组织,但表达的内容仍是具体而明确的。

- 俄罗斯——现实中的童话世界

俄罗斯馆体量庞大,采用具有民族特色的图案进行装饰,兼具粗犷冰冷与细腻婉约,一如其民族性格。内部展示却出人意料,在主展厅的大空间中营造了一个童话世界(据介绍设计理念来源于前苏联著名儿童文学《小无知历险记》),呈现了一个美丽、精湛、充满童话色彩的花园世界,分为"花的城市"、"太阳城"和"月亮城"三部分。整体照明有点昏暗,顺着坡道上下绕一圈,到处是一人来高的牵牛花、比澡盆还大的向日葵和草莓、曼妙伸展的卷曲叶草……蜗牛般曲线的红顶小屋点缀其中,每座小屋里面有一位小主人在叽里咕噜地讲着俄文,小主人是真人大小的影像。每个人心里都有一个童话世界,谁也不能确定它具体的样子,俄罗斯馆用写实而绚烂的手法表现了其中的一种。

主展厅周边的小空间展厅里,展示着一些科技成果,以图表、模型、视频的形式成像,中规中矩;走廊上陈列着大件的民族风格工艺品。展厅全貌同样反映了俄罗斯人民性格的多面性。

- 中国馆的寻觅之旅——重构古典

中国馆的"寻觅之旅"中有一大半的游程穿梭在真实的场景之中,场景中充满了中国古典建筑元素,小亭、拱桥、荷塘、太湖石……它们共同构成了中国古典园林一般的景观,但说不出具体来源。其中最有趣味的是一片形态独特的"树林",所有树冠由中国传统建筑的斗栱夸张而成,在光影交织变幻之中,亦真亦幻,仿佛进入一个神秘的国度。

斗栱是中国传统建筑的结构构件,造型精巧,形态优美,具有很强的装饰效果。在博物馆中所看到的对"斗栱"的展示,通常都是以模型来解剖它的结构,然后配合文字和影像资料进行补充说明,若非专业人士,很难有耐心仔细观看和阅读。快节奏的世博会显然不适合这种展示方式,于是采用了解构与重构的方法向来自五湖四海的游客展现斗栱之美,一种感性的美,而非斗栱的结构原理。

斗栱本身的造型已经十分出众,在进行艺术化的夸张之后,"斗栱树"

图 2-32～图 2-35　加州铁路博物馆
图 2-36、图 2-37　城市足迹馆　特洛伊之城

的造型更加突出,将其作为基本形进行重复的构成,便形成了气势恢弘的"斗拱森林"。在各种色彩的光线变化之下,层层叠叠的斗拱若隐若现,既展示了具体的古典造型,又打造出了不同于传统的意境,让观众够欣赏到斗拱之美,领略到古典与现代的融合。场景的照明稍显花哨,色彩有点偏浓重,让场景通体染上了一些胭脂气。

• 城市生命馆——地下探秘

城市生命馆讲述了城市如同一个生命活体具备的生命结构和灵魂,其中的循环管道展区展现了城市的地下生命线。进入这个展区立刻会被眼花缭乱的巨大管道所震撼。在幽暗的灯光下,仿佛走进了地底世界,并由此开始了对城市内部结构的探索。在这里,各种管道错综复杂,纵横交错,电光火石之间让人意识到城市的循环系统原来如此重要。循环管道展区采用了半写实半写意的手法,斑驳质感的岩石墙面和造型各异的管道都是真实的再现,而夸张的尺度和变换的光影则是对气氛的渲染,是一种艺术表现。

倘若设计仅仅止于再现对象就显得枯燥乏味了。试想,谁在意地下的管道长什么样子呢?再现那些阴暗潮湿的环境又有什么意义呢?既不能打动观众,也无法有效地传递信息。围绕表现"城市循环系统"这样的主题,重点放在了"管道"这个设计元素,有选择地对管道进行了变异和夸张。当观众处于大尺度空间中,观看这些大小异于平常的管道时,会觉得既熟悉又新奇,自然会产生好奇心进而观察周围的环境。配合色彩斑斓的光线,整个展厅被渲染成一个神秘的地底世界,带给人们无止境的想象空间,但由于色彩多而浓烈,削弱了造型的力度,反而降低了场景的表现力。

2. 意象的营造

意象的表现场景采用具体的设计元素而非现成的景物,元素通常带有较强的符号意义,比如砖头、图书,它们所构建的场景重在营造一种意境、表达一种具体的概念。

• 滕头案例馆——世外桃源

滕头案例馆是城市实践区的一个小展馆,好似一处世外桃源,展现浙江宁波滕头的生态美景。展馆开放而通透,越过小桥,沿着曲折的斜坡而上,

图 2-38 哈萨克斯坦馆冬厅导游
图 2-39、图 2-40 哈萨克斯坦馆冬厅
图 2-41～图 2-43 俄罗斯馆的主展厅
图 2-44 俄罗斯馆

两旁的砖墙竹篱伸手可及;九转十八弯后,眼前出现的更是世外桃源中所描述的景象,一方水稻、一墙藤蔓、一阵微风、几缕阳光、残砖剩瓦的墙,竹子编成的篱笆……凝神聆听,四周皆是蝉吟、蛙鸣、小雨淅沥和微风吹拂之音。没有过多的文字与图片的介绍和描述,更没有繁杂的展品陈列,也没有具体的场景。这些来自当地的非常朴实的元素营造出江南小村庄的生动意象和中国传统的诗情画意。

这样成功的意象来自大胆的取舍:舍掉了具体的写实形态,将选取的元素当做绘画的颜料,精心地绘制了一幅写意风格的图画,写意中又带有精致的细节。如,滕头案例馆运用的材料均为原生态,包括砖瓦石砾、竹、水泥及一些农作物、植物。粗略行走而过,粗糙的墙面根本不会引起人们的注意,然而,麻布般质感的外墙是用 50 多万块废瓦残砖堆砌而成,其中包括元宝砖、龙骨砖、屋脊砖等,年龄全部超过百岁。各种质感的砖瓦细密地混搭在一起,形成丰富的肌理效果,包含着岁月的苍劲与原生态的活力,令人回味。在展馆二楼的自然体验区,四周绿树成荫,顶部暗藏的喷头每隔 5 分钟喷洒出水雾,在阳光好的情况下,水雾中会形成一道彩虹,更增添一份诗意。

- 太空家园——宇宙的意象

如何将浩瀚无垠、神秘莫测的宇宙纳入展馆之中?除了 3D 影片营造的虚拟现实,还有什么体验方式?答案在太空家园馆二层展厅中。球形是太空中唯一常见的形体,设计以此为基本元素,在幽暗的环境中用大大小小悬浮的球体营造了一片意象的太空——漫无边际的黑与闪烁光辉的球。球体同时承载着展示内容,以视频和小模型为主要形式,尽量保持球体的完整。展厅在光线控制上稍显不足,大型显示屏在黑暗环境中显得过亮,破坏了幽深的氛围。

- 中国馆——光之雨林

中国馆"希望的大地"展区有一片光,无数的发光二极管串成一根根又长又细的光柱,密密地从顶垂到地面,不断变化着颜色。它造型抽象,具有现代的极简,同时意象丰富,好似倾盆而下的大雨,又像一片丛林,姑且称之为"光之雨林"吧。这片光影变幻的"雨林"是两个展区之间的过渡带,没有文字说明,也没有图片,给予观众最大的想象空间。同时夸张的尺度与

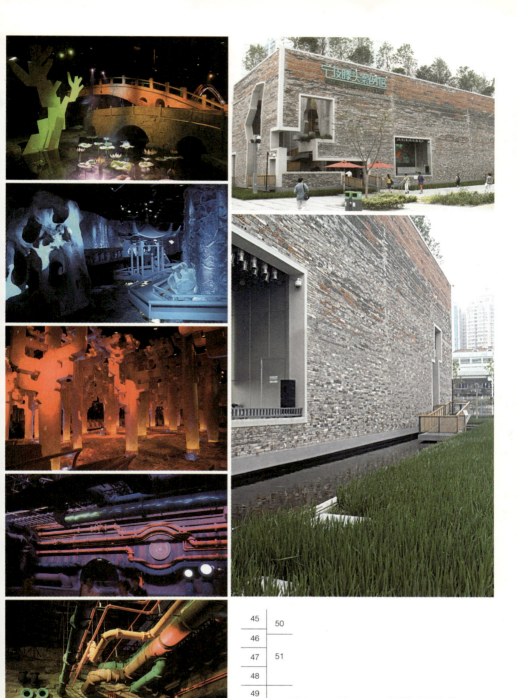

图 2-45 ～图 2-47　中国馆 寻觅之旅

图 2-48、图 2-49　城市生命馆 循环管道区

图 2-50、图 2-51　滕头案例馆 外部

绚烂的色彩变化充满了表现力，给人以视觉上的震撼。走进其中，由于光色的亮度与饱和度较高且色彩变化频繁，视觉刺激强烈，产生震撼的同时也会给视觉造成一点不舒适。

- 城市人馆——单一的叠加

城市人馆讲述城市中"人的故事"，分为"家庭"、"工作"、"交往"、"学习"和"健康"五个展区。同时运用实物、布景与多媒体特效相结合的手法，营造出11个不同的城市场景。每个场景以一种城市人日常所见的物品为主，构建起宏大的景观，营造出密集、丰富又压抑的都市意象。如用大量的书架与图书砌筑得直冲云霄，以营造"学习"场景；用装啤酒的塑料箱叠加出都市丛林里的"商业街"；用文件柜搭建出"千家万户"。每个场景都具有大尺度的空间，有精心营造的戏剧化的灯光，并有影像和图片配合。有的场景内还采用再现的手法非常写实地展现某些生活片段，如"夜市"中的小摊，给意象化的场景补充些具体的内容。

- 国际红十字会馆黑厅——美丽的沉重

国际红十字会与新月会联合会馆规模不大，分为黑厅与白厅两部分。第一部分以"黑色记忆"为主题。进入展区后，观众置身于狭长而幽暗的长廊中，左侧墙面布满岩石，右侧展墙大部分是黑色镜面，反射着对面岩石的肌理。墙上镶嵌着大大小小的显示屏，缓缓地播放着人类所遭遇的各种战争和灾难影像，影像好似漂浮在岩石上，没有任何声响，在黑暗低调的环境中营造出压抑的气氛。长廊的终点是一道"雾幕"，一束光迎着观众射过来，仿佛是希望之光，一张非洲儿童的脸投射在雾幕上，也投射在了地上，黑白分明的大眼睛充满盼望。

与其他展馆相比，黑厅很小，却运用简单的元素形成了十足的感染力。粗粝的岩石、生动的纪实影像与黑暗的环境，带来沉重、压抑甚至绝望；孩子的面容与黑暗中的光束又带来希望；在绝望与希望之间蕴藏着一种力量、一种美丽，它刺激着观众的神经，调动着观众的情绪。当人们走过幽暗的长廊，穿过投射着希望之光的雾幕之后，仿佛穿越了黑暗的战争和灾难，心理上得到释放，继续参观展现救助工作的白厅。

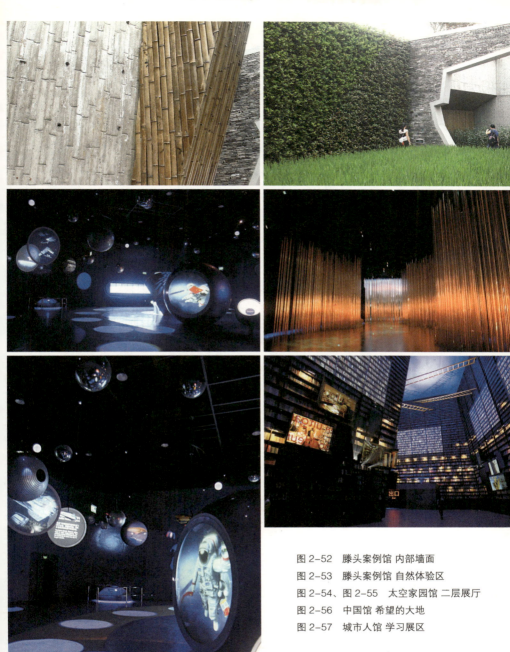

图 2-52　滕头案例馆 内部墙面
图 2-53　滕头案例馆 自然体验区
图 2-54、图 2-55　太空家园馆 二层展厅
图 2-56　中国馆 希望的大地
图 2-57　城市人馆 学习展区

52	53
54	56
55	57

3. 抽象的写意

在展览的信息空间中，无论怎样的场景与环境，大多承载着一定的内容表达。有些空间看不出具体的内容，但非常有感觉，也许是有意营造，也许是无为而至，从中能体会到一种非凡的意义，而这种意义通常也是无形的、抽象的。抽象的表现场景使用的设计元素通常具有基础的普适性，比如几何形体、色彩灯光，构建出的场景具有非现实的抽象感，同时表达一种抽象的概念。

- 越南馆——竹子教堂

小巧的越南馆夹在日本馆和韩国馆之间，并不起眼，建筑外饰用褐色的细竹竿密密地编成波浪形，在质朴的材质与质朴的序列中蕴含着一种华丽的韵律。展馆内部最重要的材质也是细竹竿，清一的原色，细竹竿呈纵向排列密密地覆盖着墙面、柱子。顶部则用细竹竿建造出拱券的造型，结构简洁而意味纯正，在拱券之间垂下晶莹的玻璃大吊灯，西方经典教堂的感觉油然而生，令人称奇。自然朴实的东方材质构建出纯正的西方经典空间，表现着一种混杂的文化风情，表现了文化的交融与包容，而这种举重若轻的表达正是多少设计师梦寐以求的境界！

在这样富有意蕴的展厅环境中，其他的展示其实已经不重要了。展厅四周的墙上设有一些壁龛，陈列着传统工艺品。展厅中央有个小舞台，台前有个矩形的小水池，在水面的倒影映衬下，整个空间表达得更加优雅而饱满。舞台上供奉着一尊佛像，佛像前摆放着越南传统民乐，间歇进行一些表演（参见第3章）。佛像端坐在这样一个貌似教堂的环境之中，看似不合逻辑却颇有意味，它们同样表达着混杂的文化情绪，进一步强化了抽象的意义。

- 波兰馆——单纯的剪纸

波兰馆的里里外外都将"剪纸"这个独特的元素发挥到了极致。不规则的建筑体周身覆盖着剪纸风格的镂空木夹板，朴素而华丽。内部空间界面同样采用了剪纸风格的镂空板，层层叠叠，疏密有致，在灯光的渲染下更显得绚丽如梦幻。

62	58
63	59
	60
	61

图 2-58　城市人馆 商业街场景
图 2-59、图 2-60　城市人馆 夜市场景
图 2-61、图 2-62　国际红十字会与
　　　　　　　　　新月会联合会馆
图 2-63　越南馆 外部

剪纸作为一种民间造型艺术，具有繁复的装饰性，同时也具有内容的表现性。在空间中的典型运用是中国传统的贴窗花，作为点缀性的装饰，同时也表达着吉祥祝福。现代的空间设计基本延续了这种方式。现代手法的波兰馆，抛弃了剪纸的内容，简化了剪纸的形式，使其成为一种抽象的设计元素，通过铺天盖地的夸张性运用，营造出绝美的空间。

剪纸在东西方都有民间基础，文化的标签性较弱，简化处理的镂空几何图案简单得看不出符号性，因而波兰馆的这种美不带有意义的表达是单纯而抽象的。在这个纷杂的世界上，在信息量超载的世博会上，这种没有含义的纯净是那么难得，已经足够人享用了——简单地沉浸其中，忘掉意义，忘掉思考。借用禅宗的哲学，正是这种无意义带来了意义。

无论如何这毕竟是展馆，必要的展示内容需要添加在这个"无意义"而视觉丰富的空间中。影像轻柔地投射在剪纸墙上，视屏镶嵌在镂空的剪纸电视里，顶上悬挂着剪出来的吊灯，所有的展示内容融化于这纯美的世界，没有打扰，恰到好处。

- 城市未来馆——耀眼而无解的未来

在城市未来馆的最后一个展厅里，观众好像进入了一个未来的城市广场，空间广阔宽敞，耸立着几座造型简洁而光怪陆离的"未来建筑"，仿佛科幻电影中的未来。锥形的巨塔不断播放着色彩斑斓的抽象图形；细挑的圆柱体通体发光，高调地变幻着夺目的色彩；相比之下，切面半球体更为低调，闪烁着幽蓝的光，显得神秘莫测。广场尽头伫立着一面巨大的屏幕，有十几米高，播放着平面动画描绘的未来城市。屏幕一侧的墙面上有巨大的三维曲面张扬地伸展着，像简化了的高迪的建筑，与之相对的另一整面墙覆盖着波面起伏的镜子，扭曲地反射着周围的一切，使这个光怪陆离的世界更加奇怪。

未来是怎样，也许就是这样的，如这个展厅一般，超大尺度的空间、炫目的光色、抽象的形态，这一切震撼着你，威慑着你，吸引着你，让你觉得自己很渺小，你仿佛看到了它了，却始终看不清它的面目。未来是怎样，这是个永恒的问题，这个展厅用具体的形态作了一个抽象的回答。

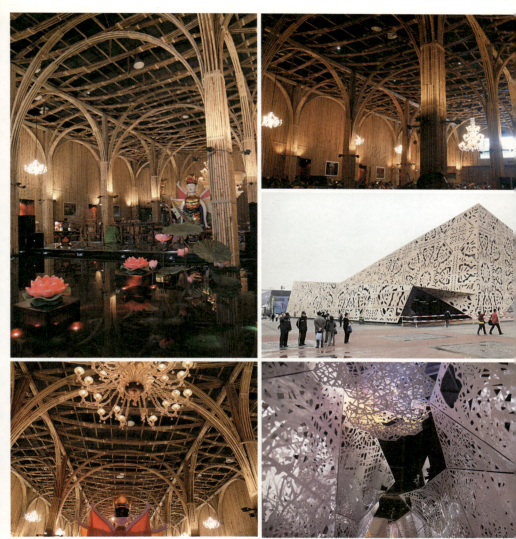

图 2-64～图 2-66 越南馆 内部
图 2-67 波兰馆
图 2-68 波兰馆 展厅内顶部
图 2-69 波兰馆

图 2-70～图 2-74　波兰馆
图 2-75　城市未来馆

70	
71	74
72	75
73	

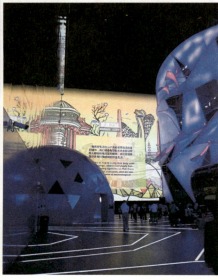

图 2-76～图 2-78 城市未来馆

第 4 节 虚拟场景

随着 3D 数字技术的发展,电影不用拍摄可以完全由电脑制作出来,场景也可以由数字影像投射出来。如果空间足够大,影像足够大,能够像真实环境一样围绕身边,就形成了虚拟场景。虚拟场景可观可游而不可触及,同样具有数字化的无限可能性。

1. 线性空间

真实的场景受限于时间和空间,只能一步一步地线性游历。突破时空任意穿越是人们的梦想,在虚拟场景并不难实现,然而线性地表达现实的情景,会带来更真实的感受。

- 中国馆的清明上河图——宏大而静谧

会动的《清明上河图》是中国馆的亮点之一,吸引无数的游客前往观看。《清明上河图》描绘了宋代繁华的城市面貌,很贴合上海世博会"城市,让生活更美好"的主题。《清明上河图》这种国宝级的文物,通常只能在博物馆中展示,受到原作尺寸的限制,无法在短时间内供数量庞大的游客观赏。通过多媒体手段,将静态的画作转化成为动态的影像,并放大几十倍,使原作的细节淋漓尽致地呈现,让更多的观众领略到它的美妙,在一定程度上普及了经典艺术。

中国馆中的《清明上河图》非常宏大,虽然采用了多媒体的动态呈现方式,配上了音效、增添了白天夜晚的变化、河水波光粼粼、商客往来、灯火摇曳、鸟鸣犬吠,然而总体上保留了原画的风格与意境,热闹而不嘈杂,丰富而静谧,让人不禁想穿越回去体验一下旧时盛世的都市风情。这种影像的呈现同时也将经典艺术拉到普通观众眼前,让人们以轻松和愉悦的心态欣赏。

- 芬兰馆——梦幻而宁静的未来城市

芬兰馆的主展厅呈环形,外环一侧是一整面倾斜高耸的墙,由投影仪投射未来生活场景——可持续发展的美好城市。影像画面轻柔唯美,在写实中带有一份梦幻:未来的居住社区环境、自然能源利用、天上海里的遨游……将自然环境、社会文化和国家特色之间的深层联系转化成未来生活场景呈现

图 2-79 中国馆《清明上河图》夜晚效果
图 2-80 中国馆《清明上河图》白天效果
图 2-81、图 2-82 芬兰馆
图 2-83、图 2-84 意大利馆

眼前。观众行走其中能够身临其境地感受到一片宁静而和谐的氛围,得以暂时脱离城市的喧闹和纷扰,对未来满怀憧憬。

2. 片段重构

片段重构主要是指在同一空间中通过影像,用蒙太奇的手法组织不同的场景,跨越时空地去创造更丰富的体验。

- 意大利馆——飞旋的城市

意大利馆中充满了时尚的现代设计,多以实物呈现。唯有一处展厅以影像为主,表现了传统的意大利城市与建筑,形成了一处虚拟场景。场景以透明幕围合成类似庭院的空间,庭院中心有一座古典雕塑,透明幕上不断变化着不同历史时期的城市景观与建筑。快节奏的镜头变化带来飞旋的感觉,透明影像又使场景层层叠叠交织在一起,两者相加演绎出一段炫目的流转风情。

这样飞旋的景象充分表现出了意大利的热烈与浪漫,它的重点不是让观众体验某个空间场景,而是通过不同时空片段的华丽组合来传达一种感觉、一种直观的印象。相比传统展示手法所使用的展板或者场景复原,感染力更为独特。

- 城市足迹馆序厅

城市足迹馆的序厅题为"理想幻城",九个部分展现了东西方不同文化中的历史名城,内容十分丰富,足以成为一个展馆。序厅的最后一部分是个宏大的虚拟场景体验厅。几百平方米的展厅内的所有墙面包括展厅中央的两个构筑实体,全部被投影画面覆盖,演绎着"世界城市发展足迹之全视角",开罗、罗马、长安、伦敦……写实风格的三维全景一一再现,场景变化长达15分钟,可谓煞费苦心,然而难以让人沉浸其中,几乎没有带来应有的震撼与感动。也许是由于空间过大产生了疏离感,画面场景过广而难以聚焦,也或许是影像节奏缓慢均一而无法激起兴奋点。

第 5 节 场景漫游

场景漫游是一种特殊的参观形式,观众乘坐特定的游览装置,沿着设定

图 2-85 ～图 2-87　城市足迹馆

好的轨道路线观看场景,场景可以是真实的或虚拟的,也可以是多种手法相结合,无论哪一种形式,空间都是真实的,都可让人游走其中。游览装置通常会采用有轨车,它在时间和空间上都具有较好的控制性,也能让观众更为舒适,减少参观的劳累。成功的漫游场景能带来最真切的体验,但它占用的空间大,而容纳的观众少,参观时间固定,组织工作也比较难,因而较少采用。在环球影城、迪斯尼乐园一类的主题公园运用较多。

1. 真实场景漫游

• 瑞士馆——都市里的草原

瑞士馆的缆车之旅引来颇高的人气,几个人一排座,在布满绿色植物的展馆中庭中螺旋上升到屋顶,眼前豁然开朗,一片高山草甸。随着缆车悠悠地滑行,身体和心灵都轻松起来,向远望,世博园各个奇异的展馆尽收眼底,那是现代物质文明;向下看,绿油油的草、星星点点的花,这是自然的清新,再没有其他具体的展示内容了。这样的景观与游览方式,在信息过剩的世博会上带给心灵一份触动。如此少信息量的漫游,体现了极简的设计理念,也是一种令人向往的生活方式。

• 迪斯尼的小世界——单纯的快乐(Little World, Disney World)

对于孩子,可触可摸的真实东西永远比虚拟的更可爱、更容易理解,对于场景也是这样的。迪斯尼乐园里的小世界汇集了许多微缩场景,可爱得令人感动。观众乘着小船、顺着水道进入白色的城堡,随着小船缓缓前行,世界各地的特色场景一一展现开来,来自世界各地的小朋友们穿着各自的民族服装,在轻快欢乐的乐曲中唱着跳着,活泼的色调,柔和的照明,一切都那么舒缓愉悦,那是孩子所特有的单纯的快乐。

2. 混合场景漫游

• 中国馆的寻觅之旅

中国馆的寻觅之旅展区,有一条小火车组织的特殊参观动线。参观者将乘坐小火车穿越"范,达,工,逸"四个场景,分别看到城市的交通枢纽变迁,古今建筑的非凡工艺,现代化的城市规划以及古典园林的奇美。展示区域内

图 2-88、图 2-89　瑞士馆
图 2-90～图 2-93　迪斯尼的小世界

的内容丰富多彩，空间场景也富于变化，让人目不暇接。在古代部分，一些尺度不大的古典建筑元素组合在一起构筑了真实场景（参见本章第 3 节）；而在现代部分则主要以影像方式，营造出虚拟空间，虚拟更容易把现代城市的多变与复杂容纳进来，在时间和空间上都更经济一些。小火车穿越在古今的不同时空中，也穿行在真实与虚拟之间。

- 寻找尼莫——潜水艇之旅（Finding Nemo - Submarine Voyag，迪斯尼）

迪斯尼中的"寻找尼莫"（Finding Nemo）将真实场景与虚拟场景进行了完美结合。观众登上潜水艇下到舱内之后，潜水艇下沉到水底，观众透过圆窗，可清晰地看到海底的景象，水草摇曳，鱼儿穿梭，还有沉睡海底的玛雅文化雕像。忽然潜水艇驶入一个黑洞，小丑鱼莫尼出现在窗外，接着动画片中的情景开始，即虚拟的游历开始了。故事结束，潜水艇逐渐又回到明亮的海底并浮出水面。潜水艇其实只是在一个不大的水池中巡游，但通过精心的编排，真实场景与虚拟场景的交替使"海底"空间变大、游程变长了。

3. 虚拟空间漫游

- 沙特馆——传送带上的游程

沙特馆名为"月亮宝船"，宣传其拥有世界最大的 IMAX 影院，超过 1600 平方米，因而引来无数的粉丝，成为了上海世博会排队最长的展馆。影院位于月亮宝船的船头内部，影像投射在船头底部的弧面上，顶面与中心的墙面饰有伊斯兰风格的几何窗棂，窗棂之间是镜面，造成了全包围影像的感觉。

沙特馆的影像的确够大，在镜面的反射下也够炫，可能因为太大了，降低了 IMAX 的高清效果，空间中好几棵承重柱也有点破坏影像的完整性。影片是实拍的沙特风光，稍显枯燥，给人印象较深的是飞行般鸟瞰沙特大地。以影片效果来看，成为最热门展馆有点名过其实，其最新奇之处在于漫游式的观看形式，观众进入影院之际便踏上了水平传送带，随着大半个椭圆形的轨迹，慢悠悠地东张西望一番，做一次回转寿司店里的寿司，而不必担心被吞噬。不过，此漫游始终在同一个大空间里，看同一个影像，缺少漫游应该具有的场景变化，略显单调。还有点不够贴心的是，在排了最长的队伍之后本想在影院里坐着歇歇脚，没想到要继续站着看，还不敢挪动半分，可能沙特人民

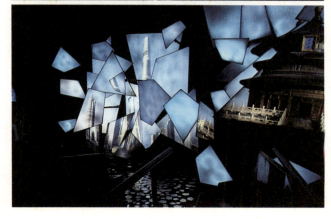

图2-94～图2-96　中国馆　寻觅之旅

没想到中国人民对他们这么热情吧。

- 辛普森——安全的惊险之旅（The Simpsons Ride，环球影城）

环球影城（Universal Studio）凭借其领先的电影技术，创造了一系列惊险的虚拟游程，其中的辛普森（The Simpsons Ride）颇具震撼。观众先从一间小等候厅登上一个类似观景缆车的开放式小车厢，系好安全带，小车厢进入一片黑暗，这才感到小车厢是被悬吊着的，空落落的。忽然小车厢开始剧烈地抖动，四周出现了飞速变化的影像场景，观众跟随辛普森开始了风驰电掣般上天入地的穿梭，乘坐过山车的惊险与晕眩也随即涌上来。其实小车厢只在很有限的范围内运动，飞速前进与上升下降的体验来自于影像的相对运动，它们带来了安全的惊险之旅。

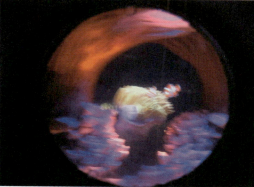

图 2-97　中国馆 寻觅之旅
图 2-98、图 2-99　迪斯尼的寻找尼莫
图 2-100、图 2-101　沙特馆

第3章 非物质媒介

早期的展示活动是实物展示与技艺表演。实物展示体现了物质性,是展示活动的基础与重点;技艺表演体现了非物质性,也是其重点内容。现代展示随着新的媒介形式的不断发展,越来越多的大型展示活动趋向非物质化,越来越多的展馆中出现了各种剧场,上演着各种形式的演出。

第1节 传统表演

1. 正式的舞台剧

- 日本馆的创意混搭

日本馆的主题表演以中日两国人民合作保护朱鹮为主线,分为暖场表演和正式剧场表演两部分。暖场表演比较随意而亲和,观众站着观看。舞台不大,两位青春靓丽的主持人将保护朱鹮的故事与未来生活糅捏在一起,并以日本几大品牌的概念产品为道具,包括个人代步汽车、照相机、电视墙等。电视墙成为了舞台背景,带来了大量的视频出演。主持人穿插着介绍产品的卓越性能,还请出机器人表演拉小提琴。不得不赞叹这是一台不错的综艺秀,流畅地糅合了多个重要元素:日本展馆的主题故事、世博的大主题"未来"、人类永远的主题"温情"、赞助商的产品广告。表演由演员、影像与机器人共同完成。从挑剔的角度看,也是一台令人愉悦的舞台多媒体广告剧。

正式剧场的主题表演在一个独具风味的日本传统木制剧场里,穿插着小朋友的歌唱,上演了一段两个人的昆曲。舞台很简洁,只有前后一大一小两个投影屏,投射着日本传统水墨风格的动画为背景。人物造型也很简洁,两名昆曲演员上了彩妆但没有包头,穿着类似练功服的长水袖,出场很令人意外,竟然开着未来概念车。表演很认真,唱念做打颇有意味,只是听不大懂,

图 3-1　日本馆 暖场表演
图 3-2、图 3-3　日本馆 正式剧场
图 3-4　越南馆
图 3-5、图 3-6　菲律宾馆
图 3-7　哈萨克斯坦馆 传统器乐表演

看着中文字幕大致明白了男演员是船工,女演员是受伤的朱鹮,故事仍然是船工和小朋友救助朱鹮。有介绍说演出由中日两位最具代表性的舞台剧导演合作,完美地结合了昆剧与能剧。其实不仅如此,可以说这是一台融合了昆曲的后现代音乐剧,也可以说是一台另类的现代昆曲。

从这两台表演中都可以强烈地感受到日本文化中的混血基因,混杂得有点怪异、混杂得很有风格、很新鲜,混杂得很有世博特色——由强烈的形式感带来的新奇与娱乐。无论如何,本质上还是以演员为主的舞台剧,仍划归传统表演类型。

2. 搭台唱大戏

- 越南馆的民族表演

越南馆的中央是个舞台,台上有一尊类似千手观音的佛像,衣着艳丽,据说是越南的上源女神。台前有一池静水,池边点缀着莲花朵朵。如果说建筑是越南馆的第一展品,那么第二展品就是舞台上的演出,完全的民族演绎,包括祭祀表演及民族器乐等,很是热闹。越南馆的参观是完全开放式的,演出采用间歇性场次、自由观看的形式,观众围站在舞台边,想看就看,想走就走,就像赶集时看大戏一样。越南馆的"竹子教堂"本来就是一种奇妙的跨文化组合,"竹子教堂"中央又供奉着佛像,佛像跟前又唱起了大戏,真是百般风情而五味杂陈。遗憾的是,由于自由式的参观模式与间歇场次的表演,很多观众并没能欣赏到民族"大戏",只是匆匆领略了表演环境,不过已经足够惊艳了。

- 菲律宾馆的"街头演唱"

另一场"大戏"在菲律宾馆上演。菲律宾馆里有点像广场上的夜市,开放、欢快而自由,服装、食品、传统工艺品、时尚品,都像地摊似的摆着。进门迎面是小舞台,电子乐队弹唱着热带特有的欢乐节拍,这边唱完,随着追光灯的方向,那边竟然还有个小二层舞台,接着唱起来。菲律宾馆的参观模式属于严进宽出,分批次进入,进入后无路线限定自由参观,适合这种街头演唱会似的"唱大戏"。

图 3-8　台湾馆
图 3-9、图 3-10　印尼馆剧场
图 3-11、图 3-12　韩国馆 庭院剧场

3. 身边的小剧场

- 哈萨克斯坦馆的单人弹奏

哈萨克斯坦馆的展示与运营很用心，犹如一条精致的项链，依次串接着新媒体游戏构成的序厅、3D影院、冬厅、传统器乐表演与纪念品商店，讲述哈萨克斯坦的历史、风光与文化。参观每批次20多名观众，必须按照流程进行。当观众来到一个小型下沉式开放剧场前坐下来时，一名男演员登上简单的舞台，怀抱个有点像冬不拉的琴，弹奏了一曲，起身点头微笑，演出就结束了。舞台没有灯光舞美，随意得就像在朋友聚会上的助兴表演，丝毫没有世博会隆重的形式感，却让人很享用，犹如一道清淡小菜呈现在世博的饕餮大宴上。

- 台湾馆的舞乐伴茶

相比之下，台湾馆的表演属于重口味小菜。顺着参观路线，观众进入一个有点神秘或诡异的"竹笼"中，表演就在身边开始，根据日期不同，有怪异的现代舞、有美女民乐、有"大头娃娃"的传统舞蹈……小巧但浓重，五味俱全，充分展现了台湾式的中华传统文化。表演完毕，观众转身走几步，继续在竹笼中接着欣赏茶艺表演。一路都是站着观看，比较随意，这种舞、乐与茶的组合让人不禁联想到传统茶馆。

4. 助兴表演

还有一类热闹的表演，有的在馆外吸引观众，有的排队途中给人解乏，有的在展馆庭院中烘托氛围，它们并不是展线中的必要元素，而是蛋糕上的花朵。这类表演一般属于非常规性，时间比较灵活，在国家馆日等特殊的节假日会多安排些。演出内容大多是热闹的歌舞，给世博会增添了些嘉年华的气氛。印尼馆入口处的传统歌舞，韩国馆中心庭院的传统舞乐与现代街舞，新西兰馆外的毛利人歌舞，墨西哥馆顶上的传统舞蹈，加拿大馆的蹦床表演，保加利亚馆的乐队弹唱……异彩纷呈，热闹非凡。

图 3-13　斯里兰卡馆现场编织花边
图 3-14　意大利馆现场手工制作沙发
图 3-15　新西兰馆外雕刻独木舟
图 3-16　法国馆米其林厨房

5. 特殊表演

- 盲人足球

生命阳光馆里有场在黑暗中观看的特殊表演——"盲人足球"。每个观众发一个夜视仪，十来个一组，手牵手摸着墙壁走过"漫长"的通道，进入漆黑的剧场，通过夜视仪看两名盲人运动员踢足球。表演之后有现场讲解与问答——盲人如何听着提示哨声来传球射门。这场短暂的表演是在带领观众进行一次深度体验，体验黑暗，并在黑暗中体验盲人的光辉。

6. 技艺表演

技艺主要指手工制作的技能，技艺表演是将手工艺人请进展馆进行现场制作，带有表演的性质。技艺表演与文艺表演一样属于原始的展示形式，散发着独特的魅力，往往成为展厅中的亮点。世博会六个月的展期，对于非专业演员的技艺表演可能是一种煎熬，如何组织人员、创造适宜的环境，使表演者舒适地工作，同时让观众过瘾地观看，是值得探讨的问题。

- 斯里兰卡的传统手工艺

斯里兰卡馆上演了最原生态的技艺表演，展馆里设置了几个一平方米见方的小展台，每个展台上端坐着一位手工艺人不停地工作着，纺织、木刻、金工……每个手工艺人都气定神闲、一丝不苟。而观众就站在工作台旁边，绝对的零距离观看，可以清晰地看到手工艺人额头上的汗水，甚至感受到他们的呼吸。这样的真人秀把人像展品一样陈列，不知表演者心理感受如何。

- 意大利的手工作坊

意大利馆中有一间玻璃房子作为手工作坊，每个月请不同的大师来现场制作，沙发、皮鞋、西服、小提琴、匹诺曹木偶……观众隔着玻璃参观，有如在熊猫馆中看国宝，想必在里面干活也不太自在。大师们好像并不介意，真的甩开膀子干起来，各种原材料与工具满满一屋子。

- 法国的米其林厨房

法国馆搬来了完整的米其林厨房，像餐厅里的明档制作，观众可以通过窗口看到厨房内部，但是窗口较小，视野受局限，难以看清厨艺细节。在窗

图 3-17、图 3-18　英国馆馆外的广场表演
图 3-19、图 3-20　法国馆中的"LV 树"

17	19
18	
20	

口旁挂了几个电视进行厨房内的现场直播,稍许弥补了不足。现场效果虽不如前两个案例,但是这种方法为工作者提供了一个正常的工作环境,厨师们做菜时不会带有表演成分。

第2节 实景表演

实景表演来源于街头表演,不需要专门的舞台,可以在展厅中或广场的任意地方进行,充满随意性和趣味性。世博会上这样的表演形式并不多见。

1. 广场表演

- 英国馆的英式幽默

在种子圣殿外的广场上,时不时有一些表演者穿梭在人群中,有戴着墨镜、身着职业装、拎着公文包的"白领",故意将公文包里漏出的水撒到观众身上;有穿着睡衣、带着睡帽的"梦游者",闭着眼睛一边喃喃自语一边顶撞身边的观众。他们或以幽默滑稽的动作逗得观众哈哈大笑,或者用恶作剧的方式活跃场地的气氛,因而英国馆的广场上常常充满了欢声笑语。

这种广场表演看似随意往往被忽略,但它是展示内容的重要组成部分,组织起来也并不容易,要唤起疲惫的参观者的兴趣需要表演者高超的演技和对场面的控制能力,还要忍受恶劣的天气和嘈杂的环境。被指责为缺乏内容的英国馆,恰恰以这样非物质展品的形式向观众传递着"英式幽默",以如此灵活和生动的形式让人领略文化的精髓。

2. 展厅表演

- 法国馆的神秘园

法国馆的 LV 展区中央有一个华丽而优美的树状体,枝叶伸展笼罩着整个展区,伴随着光影的变化与周边绚丽的影像,形成一个华美而灵异的夜色花园。作为法国知名的奢侈品,LV 一向以高档和华丽的形象展现在消费者面前,在世博会中也不例外,让人忍不住驻足观赏。其中最吸引人的,莫过于几分钟的单人表演。伴随着灯光和影像,表演者优雅起舞,时而从树上采摘

图 3-21～图 3-26 德国馆 动力之源剧场

下闪亮的果实，时而从包中捧起一束光芒，视觉效果令人惊叹。没有台词做品牌宣传，也没有任何文字的广告语，品牌形象以表演的形式植入展览中，也植入观众的心中，让人不自觉地产生"LV即法国"的感受。

第3节　综合剧场

综合剧场是电影院与剧院的结合，演员、影像、新媒体等各种形式都是舞台上的重要组成，是一种很能体现创意、形式感很强的表演。综合剧场也很能体现展览组织者的用心，但把诸多元素综合一起上演比单纯的影像或传统的表演更为复杂，因此采用得不多。

1. 新媒体与人互动出演

- 德国馆"动力之源"

上海世博会开幕之前，德国馆的"大球"就备受关注，各种媒体一再宣传这是个能量魔力球。看过之后发现，"大球"并非如何神奇，其精彩在于两位主持人与观众共同赋予了它生命。剧场的正式名称为"动力之源"，是一个三层跑马廊的中庭空间，跑马廊是观众席，大球自中庭顶部悬挂下来，中庭大空间是它的舞台。刚开始，大球仅仅是个球形LED大屏幕，随着德国馆的真人版导游登场———个德国男孩和一个中国女孩，演出正式开始，他俩带领观众看大球表演、与大球玩游戏，"看用你们的能量能做什么"：通过麦克风吹大球上的蒲公英、通过呼喊使大球上的眼睛转动、通过此起彼伏的欢呼声使大球飘荡起来……听听现场的欢呼声可以感知观众参与的热情。这不但是一场观众深度参与的演出，而且成为了一个所有观众共同参与的新媒体游戏——主要是由声音控制影像和机械装置，形象地显现"人的能量"，使每个参与者感到自己是"动力之源"。曾经听说国内的某些科技馆想在世博会结束之后，将"大球"请去做"镇馆之宝"，这个想法有待商榷，因为"动力之源"的本质是场互动演出，如果没有主持人和观众的共同参与，"大球"不会显现魔力。硬件容易复制，内容的演绎却很难，当今国内的展馆往往过多地关注硬件的先进性与科技性，而忽视内容。

图 3-27　德国馆 动力之源剧场 7
图 3-28、图 3-29　上海企业联合馆 剧场
图 3-30、图 3-31　上汽通用馆 剧场

在"大球"表演即将结束之际,伴随着抒情的乐声,大球在空中优雅地荡漾,好似跳华尔兹般翩翩起舞,主持人也划起了轻便的小滑板车,轻轻讲述起德国馆的主题"和谐都市(Balance city)","什么是和谐都市?和谐都市就是任何人可以生活在任何地方……"紧扣世博会主题,描述着"未来"的美好模样,不禁又让人浮想联翩。这样的结尾很抒情,很有感染力,也很世博会,但仔细想想,转折得有点牵强,和之前的表演缺乏连续性。但瑕不掩瑜,德国馆还是上演了一场精彩的综合演出,由新媒体与人——主持人与观众共同完成。

上海企业联合馆的主题剧场也在演绎类似的主题——"看你的能量能做什么",创意与内容和德国馆很相似,但形式不同。剧场采用了360°环幕,观众站在中间。影片的主人公先是一老一少爷孙两人,他俩在剧场之间的展厅中也充当了导游。接着突然出现了一位自称"蝴蝶仙子"的科技感美女,带领观众拍手、扇扇子,掌声或风力使剧场顶部LED灯光产生变化,也联动着展馆外立面上满布的LED灯。影片不仅创意与"动力之源"相似,就连"蝴蝶仙子"的某些台词和德国馆的主持人竟然都有几分接近,只是感染力和现场效果相差很多,造成效果不佳的很大缘由在于表演形式。首先,主角"蝴蝶仙子"是影像,只能按部就班地播映,不能产生真正的互动。其次,环幕容易分散观众注意力,难以产生观众的合力去配合主题内容。

2. 电影大片 + 舞台表演

- 上汽通用馆

走进上汽通用馆的剧场,先坐下来欣赏在宽屏弧幕上播映的大片,大片非常具有世博特色。采用3D制作与真人出演的形式,片名为"行2030",描绘了在未来城市中,新型的汽车出行方式,以及由此拉近了人与人之间的距离的故事。影片制作精良,演员也很养眼,还不时有熟悉的明星客串出场,情节紧凑,在大约十分钟内把三个有关亲情、爱情与生命的小故事串在一起,当结束之际出现了点题语——"人 因车而自由 心 因行而亲近 只有车 能让彼此渐行渐近",久违的感动不禁涌上心头。不得不承认,影片完美地涵盖了未来、城市、产品、品牌、亲情、爱情等所有世博会"应该"

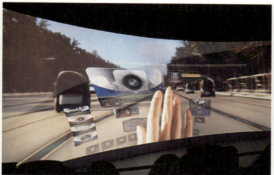

图3-32～图3-35　上汽通用馆 剧场

32	34
33	
35	

表达的主题。正想怀揣着感动离开时,弧形大幕竟然缓缓下降,眼前顿时豁然开朗,出现了一个中心舞台,观众席也连成了一整圈,原来剧场本是体育馆形式,被弧形大屏幕分成了均等的四份,形成四个小影院,这时又回到了体育馆的空间,一群蹦蹦跳跳的小朋友簇拥着刚才在影片中出现的未来概念车登场了。动感的音乐、五颜六色的灯光、中心的升降舞台及其表面的 LED 大屏,有效地营造出热烈的氛围,欢快的世博会回来了,有意无意间强化了世博会的娱乐精神。

- 韩国馆

在韩国馆里看了一系列莫名其妙的新媒体和装置展品之后,终于来到剧场。剧场是一个比较普通的大屏幕,影片同样以 3D 制作和真人结合,主角是一个腿有残疾的可爱小女孩和一群能自由飞翔的"超人"——韩国特色的靓丽青年,演绎了未来城市里的一个温情故事——"超人"帮助小女孩完成梦想——站起来舞蹈。同样制作精良,同样涵盖了未来、城市、梦想、友情等主题,很有世博的味道。当影片结束、大幕升起时,舞台上出现了未来城市的微缩景观,一位韩国美女,应该是影片中实现梦想的小女孩吧,手捧水晶球开始芭蕾独舞,舞蹈结束之后,走下台抱起一个小观众走上舞台,舞台的背景板打开,通向另一个展厅,所有观众也随之登上舞台而离开剧场,仿佛走进了舞台的故事之中,满怀一份未来的憧憬。最后的独舞表演初看有点突兀,细想起来挺合情理,而且颇为温馨,对于参观流程起到了不错的转承作用。

3. 表演配合影像

- 西班牙馆"从自然到城市"

来到西班牙馆的第一个展厅,很难不被彻底震撼。展厅形如一个幽深的山洞,洞内两侧上映了西班牙从原始到现代文明历程中的华彩篇章,充分表现了"从自然到城市"的主题。影片由一团跃动的火球开始,电闪雷鸣、开天辟地、海洋、土地、大教堂、毕加索、斗牛、舞蹈、篮球……都被演绎得异常动人心魄。在山洞中几十米长的影像将观众震撼得几乎不能呼吸之时,一段弗朗明哥舞蹈的现场演绎开始锦上添花。山洞内有一块巨大的石台,在

图 3-36～图 3-38　韩国馆 剧场
图 3-39　西班牙馆第一个展厅
　　　　　"从自然到城市"1

开篇描绘自然之际,一位西班牙女郎在石台上匍匐而起,翩然起舞,在西班牙一贯的热烈奔放中蕴含着无限的力量,那是文明的崛起。石台上方悬挂的一堆白骨徐徐下落,笼罩在舞者上空,更增添了一份原始的狂野与狰狞。最后,山洞回复黑暗与安静,尽头之处,西班牙网球名将纳达尔以其特有的爆发力挥动着网球拍,一阵阵电闪雷鸣伴随着一次次击球,那应该是现代文明的冲击吧。

西班牙馆的山洞里的表演其实很难界定。山洞环境加上包围式的影像,可以说它是一个场景式影院。影像是绝对的主角,现场舞蹈所占比重不大,但是可谓点睛之笔,增加了小剧场或实景表演的意味,暂且将其纳入综合剧场之中吧。

第 4 节　影像剧场

影像剧场相当于电影院,形式之丰富与新颖又远远超出了电影院。按照影像与空间的关系及影像对观众的围合感,将影像剧场分为五大类:全包围影像、环绕影像、半包围影像、单面影像与中心影像,每一类又包含了若干种形式(参见第 1 章表 4)。世博会的影像剧场还有两个特点,第一,影片都是短片,短的五六分钟,长的也就十几分钟,这样才能适应世博会的快节奏;第二,努力做成无语言影片,尽量只运用画面与音乐等不需翻译的世界通用语言,让世界各地的游客都能看懂。

1. 全包围影像

- 球幕——台湾馆

完整而连续的影像百分之百覆盖球形空间的内表面就形成了球幕,构成了完全的虚拟环境。2005 年爱知世博会的日本馆有个球幕,影片用 3D 制作,描绘了大自然的奇妙景观,上天、入地、下海……观众站在球体中间的玻璃桥上,却有飞起来一般的感觉,十分过瘾。上海世博会的台湾馆,远远地就能看到一个巨大的 LED 球,循环播放着一些颇具中华特色的画面。球的内部则是一个球幕,同样用 3D 制作影片,再现了台湾的自然与人文风光,更进

图3-40　西班牙馆第一个展厅"从自然到城市"2

图3-41、图3-42　2005爱知世博会日本馆

图3-43、图3-44　国家电网馆电魔方

一步的是，看花时有花香，下雨时有雨落，情境的真切感又有所增强。唯一不足的是在观众出入的大门留了个黑洞，格外扎眼，可能是由于安全疏散的特殊需要。

受限于空间体量，球幕所容纳的观众很有限，只有二十来人，不太符合世博会接待大批量观众的需求。然而数量与质量难以兼得，它的确创造了难以比拟的沉浸式体验，虚拟影像的纵深感、层次感却非常强，感觉鸟就在身边飞，伸手可以摘花，远山又无限深远，海底深广无边，比很多 3D 立体影像效果更佳。

- 矩形六面幕——国家电网馆

与球幕相似，矩形六面幕指长方体或正方体内的六个面都是影像。国家电网馆里有个"电魔方"，是个正方体空间，六面都是 LED 屏，每个面被分成九宫格，就像把魔方外表面翻到内表面。观众踩在架空的玻璃地板上，靠着管状的固定靠背，站着观看。由于面与面的界限非常明显，整体影像不像球幕那样流畅完整，效果要打些折扣。

- 镜面全包围幕——三菱未来馆（2005 世博会）

形成全包围影像有种取巧的方法，影院空间内表面以部分面覆盖影像，另一部分用镜子来反射影像，形成完全影像的感觉，沙特馆即如此（参见第 2 章）。爱知世博会的三菱未来馆有个有趣的主题——"如果没有了月亮，地球将会怎样？"站在宇宙的高度探讨人类与自然的关系，有高度。其主展厅也是一个影院，资料介绍它采用了全世界第一个无限映像空间 IFX 剧场。IFX 是擅长造词的日本友人的新创作——无限 Infinity 和想象 Imagination 的 I 和效果 Effect 的 FX 组合而成。其实就是在一个正六角形的空间内，让其中三个立面构成折幕，其余三个立面和地面、顶面成为镜子。影片走科教片的风格，一板一眼地讲解着地球、月亮及宇宙的关系，对于极度疲劳的世博会观众有点对牛弹琴，最后只记得炫目的月亮在镜面中反射来反射去。

2. 环绕影像

环绕影像指空间四周 360° 都有影像，将观众包围其中。

图3-45　城市生命馆
图3-46　世博博物馆
图3-47、图3-48　以色列馆
图3-49　2008北京奥运会阿迪达斯馆

- 环幕

曾以为环幕是一种沉浸感较强的影像形式，在体验过了世博会的若干个环幕之后，发现那只是望文生义。以色列馆、上海企业联合馆、城市生命馆、世博博物馆等，很多展馆都有环幕，其共同的特点是"环"的直径很大，剧场足以容纳二三百名观众，但"环"的高度不够大，成为了一个环形条；为了避免观众相互遮挡，挂得又很高。于是，环幕严重缺乏环绕的感觉，观众看到的始终是头顶上远远的一条窄带。

由此可知，沉浸感并不仅仅在于投射影像面的数量，还与空间尺度和屏幕大小密切相关，空间尺度小而影像画面相对大更容易造成沉浸感。如前所述，台湾馆的球幕与国家电网馆的电魔方，空间尺度都不大，前者仅容纳二十来人，后者却达四五十人。

以色列馆的环幕剧场如展馆外观一样带来些许新意，每两三个座位之前有一个发光球，球内嵌着一个小液晶屏，发光球和小液晶时隐时现，配合大环幕表演，观众眼睛的焦点不断随着远近变化，缓和了环幕的疏离感。另外，剧场中央还有个大发光球，充当了开场嘉宾，随着它的闪亮与上升，演出开始了。

2008年北京奥运会的企业展示区中，阿迪达斯馆的环幕很特别，围绕展馆中庭的环形坡道展开，呈螺旋状，充满着运动的活力。

- 四面幕

冰岛馆里只有一个立方体的剧场，观众席地而坐，灯光黑下来，四个立面播放冰岛的自然景观，火山喷发、海啸……轰轰隆隆一阵之后，恢复了四面白墙。冰岛馆的外立面是布满冰雪的大喷绘，内外如一，简朴得超越了北欧一贯的简洁与质朴，在争相追求绚丽的世博会上很另类，有点敷衍了事的嫌疑。不过，它竟让人有所记忆，有所触动，也许就是它四面影像，尺度适中，影像足够大，把观众包裹得恰到好处。

3. 半包围影像

从空间角度讲，全包围影像和环绕影像剧场是匀质的，影像画面可以以任意点为中心，这样也就容易丧失中心，如果处理不当，容易让观众左顾右盼、

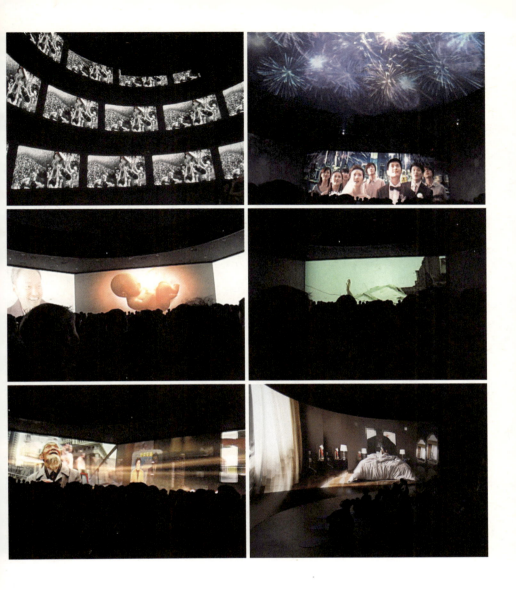

图 3-50 2008 北京奥运会阿迪达斯馆
图 3-51～图 3-54 中国馆
图 3-55 加拿大馆

瞻前顾后，画面的力量被分散、削弱。半包围影像只让屏幕占据剧场一端，影像在观众视线前面及左右，容易形成空间上的视觉中心，效果往往比环绕影像好。

- 折幕

折幕一般为三折，以中间的为主，两侧的为辅，三块幕可以当作一个整体播放同一个画面，也可以分开作为三块单屏播放不同的画面组合。分开使用时适于表现跨越时空的大场景——同一时间中的不同空间，或同一空间中不同的视角。中国馆的大片《历程》即采取了这样的形式，稍不同的是在顶部还有一块超大屏幕，有时配合折幕表现场景中的天空部分。在主旋律之下，作为六十年积蓄的一种释放，《历程》具有不同以往的动人之处，如果内容负载再轻一些，影像手法再纯粹一些，会更有感染力。

- 弧幕

弧幕通常是环幕的二分之一或三分之一，即180°弧幕或120°弧幕。加拿大馆的最后一个展厅是个开放式的小剧场，180°弧幕的立体影像，表现的是生活化的小场景，慵懒的清晨、温暖的卧室、午夜的小街……节奏舒展而缓慢，坐在地上的观众沉浸其中，也想伸个懒腰。120°弧幕与宽屏的平面幕相差不大，围合感较弱，在形式上已经丧失了吸引力，如果影片质量不高就无法打动观众。中国船舶馆和新加坡馆的弧幕影院属于此类。

阿联酋馆的最后一个剧场是非规则弧幕，在主屏幕的周边有一些异形小屏幕，顶上还有一堆零零碎碎的变色发光球，努力营造热闹动感的氛围。形式上有所创新，但那些异形小屏幕终究是点缀，一看而过，意义不大。引人入胜的还是制作精致的影片，片中两个卡通小朋友如形象大使，飞翔跳跃于迪拜的超豪华建筑中，观众的视觉被豪华地导游了一周。

2005年爱知世博会加拿大馆的弧幕很特殊，前面一层屏幕是揉皱的金属纱幔，又高又大，呈半透明状，投射着美丽的花花草草，后面一层是一字排开的显示屏，透过前面一层，显示屏上加拿大人民冲着观众灿烂地微笑，据介绍，影片主题是表现加拿大的多元文化。两层影像交叠相应，绚烂夺目，是一场没有情节的视觉盛宴。

- 穹幕——城市地球馆

小时候在天文馆里仰望夜空看星星，是何等的神奇！但在世博会上的城

图 3-56 中国船舶馆

图 3-57 新加坡馆

图 3-58、图 3-59 阿联酋馆

图 3-60、图 3-61 2005年爱知世博会加拿大馆

市地球馆仰望穹顶，看到的却是一个拥挤混乱的城市，原本充满幻想的天空让人不忍目睹！这个大穹幕跨度达 20 多米，底缘 2 米多高，阴郁的画面沉沉地压在观众头顶，以致很少有观众停留观看。另外，穹幕所在的空间采用了穿过式，观众从直径的一端入从另一端出，形成松散的人流，缺乏稳定感。

4. 零散包围影像

· 阿联酋馆

阿联酋馆的第二个展厅犹如一个矩阵空间，墙上、顶上、柱子上随处是大大小小的矩形盒子，盒子每个面上都是影像，讲述着不同的内容，零零散散，飘飘忽忽，美丽而灵异，形式感很强。观众从异彩纷呈的影像中很直观地就感受到了阿联酋的方方面面，自然、历史、民俗……身在其中又置身其外，每每东张西望都能看到一些新鲜画面，获得一些新鲜的感受，至于能从中获取什么具体的信息根本无从得知，也不重要。

5. 漫游影像

· 澳门馆

象形建筑一般都会受到争议，但因民间的偏爱而层出不穷，如酒店做成了福禄寿三位老人家，卖茶壶的把大楼做成了一把超大的紫砂壶，直白得令人脸红。上海世博会上澳门馆成了一只大玉兔灯，看起来颇让人费解。参观了澳门馆之后，才明白其建筑形式是在与展览的主题故事线相呼应。展览围绕一家三口——爸爸带着一儿一女——寻找放飞了的月兔灯展开，这样看建筑设计还算有道理。

玉兔灯的肚子里是个螺旋形的空间，观众先随着不慎放飞的玉兔灯乘滚梯到顶层，然后顺着坡道向下走，开始了影像漫游，边走边看一侧的影像故事。故事中一家三口成了虚拟导游，带着观众到澳门的大街小巷到处找月兔灯，观众当然也就游览了一遍澳门，还听着他们讨论澳门的风土人情及历史、文化。最后月兔灯终于找到了，参观也结束了，姐姐弟弟笑嘻嘻地欢迎大家到澳门来，又是一个精心编排且形式新颖的观光宣传大片。

图 3-62 城市地球馆
图 3-63、图 3-64 阿联酋馆
图 3-65～图 3-68 澳门馆

6. 单面影像

单面影像通常有三种位置，前面、顶面与地面。位于视线前方的单面幕类似普通电影院，且称之为影院幕。在争奇斗艳的世博会上，单纯的普通影院幕成了稀有品，难得一见，葡萄牙馆里有这样一面中规中矩的屏幕，借用中国的"金木水火土"来演绎葡萄牙的自然资源，用内容让观众留下记忆。而更多的单面影像运用新的技术与新的形式，花枝招展地装扮起来。

· 4D 影院

普通电影是二维平面的，3D 电影增添了纵深立体感，4D 影院在 3D 的基础上增添了体感。屏幕上刮风观众就能感到风吹，下雨就有水落在身上，地震时座椅随之晃动，还能有被蛇咬一口的感觉，那是一小股强气流造成的，或被猴子喷了一脸口水。基本凭着这几招，戴个立体眼镜的 3D 晋升为了 4D，比如太空家园馆、石油馆、万科馆、哈萨克斯坦馆。于是影片也都尽力加入这些元素，风、雨、动物、各种晃动，有观众笑称到影院里去坐按摩椅。

· 高清影像

瑞士馆以缆车闻名，在去乘缆车途中突然出现了雪山，走近前被齐腰高的栏板挡住去路，才发现前面两三米处放映着实拍的高清影像。随着镜头缓缓地移动，观众穿过峡谷、越过冰川，雪峰触手可及，仿佛乘着飞艇和雪山亲密接触。大屏高清影像竟然如此真切，简单的一块屏幕带出了寻觅已久的沉浸感。

· 宽幕

如今从手机到电视，几乎所有的屏幕都在变宽，据研究是为了更符合眼睛的视觉习惯。在边缘融合机广泛应用之后，投射影像也越来越宽，远远超出了眼睛的极限。中国馆的"同一屋檐下"、国际红十字会的白厅，影像的宽高比大概为 3∶1，卢森堡馆的宽屏超过 4∶1，2008 年北京奥运会的企业展区，可口可乐馆影院的宽屏大约达到 8∶1。宽得好似没有了极限，宽得只剩下了形式。

· 异形幕

异形幕指非矩形的幕，通常有几种情况。其一，屏幕随着展厅整体风格

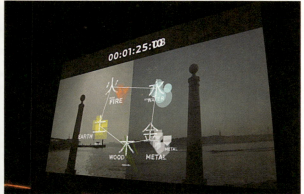

图 3-69　葡萄牙馆
图 3-70、图 3-71　瑞士馆

而造型，与环境融为一体。比如波兰馆，屏幕延续了折纸状的造型，有明显的几何分格和凸凹变化。其二，为了迎合影片的故事情节或氛围而将屏幕设计成特殊的造型，比如信息通信馆，故事在现在与未来的不同时空中穿越，屏幕和影院都成了时空隧道。其三，追求形式的变化与趣味。2005年爱知世博会美国馆将大屏分解成六块再重构，令视觉效果与众不同。

- 透射幕——伊朗馆

透射幕指屏幕呈透明或半透明状，投射上的影像也呈透明或半透明状，形成了特殊的通透效果。透射幕包括水幕、雾幕、电子玻璃幕等。伊朗馆里的一个小角落运用了透射屏幕，前面一层幕是贴了成像膜的玻璃板形成的透射幕，后面一层是普通正投屏，两层重合形成叠像，有种简单而直接的立体感。遗憾的是由于环境灯光较亮，没有达到应有的效果。

- 天幕——城市生命馆

城市生命馆的车站展区有面天幕，将一个大平面投影幕挂在顶处，由于面积大、高度低，有点压迫感。大幕上演绎着一些也许是象征着宇宙生命的抽象画面，或一片蓝天白云，因语意不详而只像个会动的顶棚。其实，天空总能带给人遐想，室内空间的顶面如果稍微做点文章，即能引起更多的关注。当观众在各展馆站着、坐着看了若干大片小片之后，若能躺下来，欣赏来自天上的影像，并缓解一下参观的劳累，才不辜负上天的眷顾！

- 地幕——城市地球馆

多年前，法国馆的深井电影让人津津乐道，犹如坐飞机向下鸟瞰巴黎。2005年爱知世博会，山水梦境馆的大剧场也是个中庭空间，观众站在二层的跑马廊上向下看，中庭地面是由若干"大电视"组成的棋盘状的大屏幕；那年的荷兰馆里也有个向下看的影院；换个视角看大片，也换个视角看世界。上海世博会上，城市地球馆里有个略微呈球面的地幕，表现着地球肌肤的变化。它好似嵌在中庭之中，又被巨大的"网"所包围，仿佛是位被束缚的王者，为越来越恶化的自然环境所困，整体地看更像个巨大的影像装置。遗憾的是，球面上的影像内容有点枯燥，表现形式比较老套，像电视里天气预报中的卫星云图。

图 3-72　中国馆
图 3-73　卢森堡馆
图 3-74　信息通信馆
图 3-75　波兰馆
图 3-76　2005 年爱知世博会美国馆

7. 中心影像

类似体育馆，中心影像的舞台位于剧场中央，观众围坐四周围绕着影像。观众与影像的关系与环绕影像正好相反。这样的空间形式要求从360°等效观看影像，必然要将平面影像转换成均等的立体形式。

• 幻影成像——印度馆

印度馆的主展厅采用了幻影成像剧场，在竹子建构的穹顶之下矗立起一个巨大的倒金字塔，四面上映同样的影像，讲述印度的宗教文化，感觉很混搭。幻影成像挺适合演绎这样的非现实内容，金字塔形的幻影成像也适合四面观看，但由于幻象对影像亮度衰减得很厉害，外加环境光没有得到很好的控制、环境比较杂乱，成像不太清晰。

• 旋转弧幕——澳大利亚馆

澳大利亚馆的中心剧场让人耳目一新，六片弧幕如花瓣般构成圆柱形，旋转上升出场，三个一组交替上升，弧幕中央还有模型布景时隐时现。影片讲述了中澳几个小朋友的友谊故事，在影片播放过程中，弧幕始终在不停地旋转，画面好像也在旋转。其实剧场四周墙面挂着八台投影仪同时投向中心，影像并没有旋转，旋转的只是弧幕，按照佛家的说法，还有我们的内心。澳大利亚的这场特殊的影像表演视觉效果非常炫，以至容易令观众忽略影片内容。

通过以上二十多种影像形式的简单分析，可以看到影像剧场具有明显的发展趋向。首先是努力创造沉浸感，追求虚拟现实。需要注意的是空间尺度的控制，空间小而影像面积大，观众与影像距离近，容易产生沉浸感。其次是表演化，追求表演剧场的形式感与综合性，澳大利亚馆是其中的代表。这与综合剧场殊途同归，就像西班牙馆的山洞剧场，影像与传统表演相互补充，水乳交融。

图 3-77　伊朗馆

图 3-78、图 3-79　城市生命馆

图 3-80、图 3-81　城市地球馆

图 3-82　2005 年爱知世博会 荷兰馆

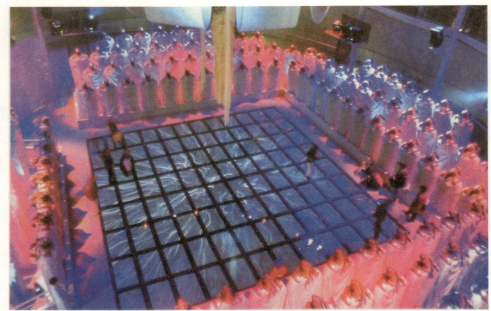

图 3-83　2005 年爱知世博会 山水梦境馆
图 3-84　印度馆

图 3-85、图 3-86 澳大利亚馆

第 4 章 物质媒介

物质媒介可以看作是最初的媒介形式。在人类早期的原始集市上以物易物，没有宣传页，没有电视广告，物品本身摆放在那里就是对自己最好的展示。俗话说百闻不如一见，真实的物品是表达自己的最好媒介，比如油画等架上艺术作品，无论仿真印刷多么逼真，也要看"原件"才能真正欣赏到艺术的微妙。随着科技的发展，人类所涉及的物质越来越庞大、越来越复杂、越来越精深，更多的物质内容无法直接看到，需要借用其他媒介形式来表达。如汽车的耗油量、电脑 CPU 的运算速度，可以借用文字、图表；如城市、空间站、染色体 DNA，可以借用模型、3D 影像。人类在造物的同时也在产生思想、生产观念，思想催生了艺术——诗歌、音乐、戏剧、绘画、雕塑、装置、行为、数字化……艺术反过来强化了观念，影响着造物。在观念的表达中，越来越多的艺术手法被借鉴，装置与新媒体艺术尤为突出。

第 1 节　实物

实物，即最真实的呈现，作为媒介是本色出演，本身不需要任何设计，需要设计的是其呈现方式。

1. 单品重点陈列

单品重点陈列即在一个展示空间或展示区域内只摆放一件展品，形成突出的视觉中心，目所能及的范围内留有大量的"空白"，与国画中的留白手法一致，将展品衬托得越发稀有而珍贵，留白空间也别有意味，激发了观者的想象。这种重点陈列的方式一般用于非常有价值的物品，博物馆、美术馆里的镇馆之宝通常如此。美国大都会博物馆里有个空旷的大展厅，一侧整面的玻璃墙稍微倾斜，导进柔和的光线，其余三面墙都是空的。在展厅中央的台基之上伫立着一座埃及神庙，透过神庙层层递进的门洞，一座残破的人体

图 4-1～图 4-3　美国大都会艺术博物馆埃及厅
图 4-4、图 4-5　丹麦馆小美人鱼展示

雕像亭亭玉立、欲走还停，小小的，大约一尺来高，吸引了所有的目光。在大展厅中神庙是重点单品，在神庙中人体雕像是重点单品，简单自然，不事雕琢。大都会博物馆的藏品极其丰盛，大多数展厅的展品十分密集，这个大量留白的展厅让观众得以喘息放松，也让人印象深刻。

　　爱知世博会上意大利馆展出了一件国宝，是从海底打捞上来的一尊古希腊青铜雕像，其残破的身躯用支架悬置于一个幽暗的球形空间中，球形空间中再没有其他东西。聚光灯如卫星般围绕它缓缓地移动，变化着照射角度，身躯上的光影在变化，身躯的影子也随之轻移，恍惚之间，那残破的身躯仿佛又有了生命，在海底随波荡漾。观众只能随着参观的队伍绕行雕像半周，无法停留，也不能拍照，好似朝拜一般，这样的参观方式为展品增添了几分神秘与神圣，也更凸显了展示形式的意义。

　　上海世博会的丹麦馆不远万里运来了丹麦的国宝小美人鱼，整个过程作为新闻事件在宣传，小美人鱼也无疑成为了丹麦馆的一个焦点。在丹麦馆纯白色的双螺旋结构中心是一池碧水，小美人鱼静静地坐在水边的礁石上，别无他物，从入口开始在参观过程中，她会以不同的角度出现在观众视野里，很难想象小美人鱼如果不在如此纯净的空间中会是什么效果。

　　单品陈列对于展品的品质和展示空间的要求都较高，一般只用于极其特殊或高价值的展品。如果一般物品采用单品陈列就会显得特别隆重，从而提升展品的价值。巧克力是比利时的招牌产品，也成了比利时馆的重要展品：在纯白的展台上一字排开几个大玻璃罩，每个玻璃罩里有个圆柱形小墩，每个墩上摆着一种巧克力，旁边配有一盏LED小台灯。此时，巧克力在观众的眼中如钻石般闪耀，显得格外珍贵。单品陈列的展示形式能够赋予物品额外的价值，在商业空间中也常常使用这种形式。

2. 系列成组展示

　　俗话说物以类聚，常见的实物展示将展品进行分组，形成不同的系列、不同的组群，进行组合展示。如何分类有不同的方法和标准，最常见的是按照展品的品种分类，就像超市的商品分类，把不同品牌的饼干摆在一起、不同品牌的方便面放在一起。

图 4-6　比利时馆小巧克力展示
图 4-7　LV 专卖店橱窗展示
图 4-8、图 4-9　意大利馆椅子设计展示
图 4-10　意大利馆意大利面展示

意大利馆展示了衣食住行各方面的现代设计,以产品种类来分组。椅子系列被悬挂于发光天顶之下,造型各异且色彩缤纷的椅子犹如一群蜂蝶在翻飞游戏,充分展现了现代材料工艺带来的轻盈。小小的意大利面陈列于四五米高、十来米长的展墙之中,展墙划分了很多矩形的格子,一部分格子空着,另一部分格子摆上意大利面,构成了蒙德里安一般的抽象画作,美味的食品呈现出非凡的气势与浓烈的艺术味道。每个格子中只有一种意大利面,不同形状的面在背光的映衬之下以剪影的姿态呈现,也成了一幅幅抽象画。

印度尼西亚馆着重于传统文化,分类展示了传统生活中的日常用品与生产工具,与意大利馆异曲同工。中庭内一面三层楼高的红墙上,几十个传统面具遍布其上,俯瞰人间喜怒哀乐,同时也成了大型空间的大型装饰。展厅内的传统民间工具同样以集团军的形式出现,形态各异的小型割穗工具"阿尼阿尼"布满了一排长长的展柜,充分展示了传统工艺的丰富性。在展馆出口处,沿通道一侧,载客用的传统三轮车形式各异,艳丽而花哨,以一字长蛇阵排开,犹如花枝招展的女孩组成的礼仪队,使人感叹民间生活中的艺术与创造。

按照品种分类成系列的展示方式,有点像排兵布阵,首先要展现出单体累加的力量、群体的气势,以阵法取胜。阵法也就是实物的陈列方式——整齐的矩阵还是天女散花般自由零散分布、八卦图形还是一字长蛇,不同的展品、不同的空间需要不同的阵法、不同的创意。阵营中的每个单体是不尽相同的,在布阵时也要留出个体的空间,展示出个体的性格。

物品分类的方法有很多,不同的物品只要找到一个共通点,就能形成一个系列。如美术馆通常按照艺术门类来分类,油画、国画、版画、陶瓷等;历史类的博物馆通常按照同时代或同一事件来分类;时装店通常按照款式系列来陈列,有的则按照不同色彩来分组。

芬兰馆展示了经典的家居产品设计,展品按照使用空间来分类成组,门厅系列里挂着购物袋、书包、家居服;餐厅系列里摆放着盘碗刀叉、烛台、餐垫;这样的组合类似于宜家样板间的情景式展示,但还没有还原为现实的场景。美国奥克兰博物馆(Oakland Museum)的历史厅主要展现了19世纪末加州的掘金热潮,大量的实物按照物品的存在状态来分系列展示。如矿工商

图4-11　意大利馆意大利面展示

图4-12、图4-13　印尼馆"阿尼阿尼"（当地妇女割稻穗的一种简单工具）、三轮车

图4-14　印尼馆传统面具

图4-15、图4-16　芬兰馆家居产品

店展区，展示了当时售卖的生产工具与生活用品，并配有反应时代生活的报纸和绘画小品。如华工的日常生活系列展区，悬挂着"万春堂"的匾额，摆着中式大褂、青花茶壶茶碗、黑乎乎的铁锅铲、竹编的笸箩……吃穿用住俱全。

在首届北京国际设计三年展上，有个名为"理智设计情感"的分主题展，力求在现代工业产品中寻求情感归属，以不同的情感表现来分类产品，分别是平静、快乐、冷峻、幽默、庆典、自由、空，带给观众认知产品的新视角。

3. 情境展示

实物呈现在展厅中，大部分都脱离了原本所处的环境而孤立存在，这种抽离的方式凸显了物的本身，同时断了"地气"，使普通的物都带上了不食人间烟火的艺术气质，这在单品陈列中尤为突出。与之相对，情境展示将物置于原本的环境之中，还原了物的真实感。无论单品还是系列展品，情境展示都是不错的选择，尤其对于历史文化类展示，通过物品原本所在的情景可以直观地展现更多的文化内涵。

一种情境的营造是提供一个背景环境。印度尼西亚馆中传统鱼枪的展示，用大型图片做背景——一个真人大小的男子手持鱼枪在水中潜泳，伺机捕猎。展示前景是一排各式的鱼枪以及猎鱼用的小船，鱼枪以同样的姿态蓄势待发。历史文化需要被了解，未来同样需要被预知，在上汽通用馆中同样以大幅图片为背景展示了一辆概念车，背景是若干年后上海的城市天际线，与概念车的未来感、科技感相得益彰。这种简单手法提供的背景环境与展品的组合清晰地呈现出事物原本的状态，事半功倍。

另一种情境营造是以展品为主角来建构一个三维场景，展品与场景融为一体，成为场景不可或缺的组成部分，就像在舞台上既是道具也是演员。在博物馆中的历史还原场景通常采用这种手法。在美国奥克兰博物馆中，有一间幽暗的客厅，完全再现了20世纪初到加州掘金的矿工家庭的居室，一缕斜阳透过小窗照进来，屋里的桌椅、炉子、咖啡杯、牛奶罐、锉刀、挂钟……凌乱而安静，好像在等着主人回来。按动场景外一侧的小按钮，屋子那一端的门开了，女主人走过来，悠悠地讲起家里的情况，这是在实物还原场景之外，添加了影像互动，让场景更有趣而生动。

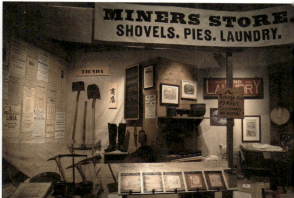

图 4-17、图 4-18　美国奥克兰博物馆
图 4-19　首届北京国际设计三年展
图 4-20　印尼馆传统鱼枪的展示
图 4-21　首届北京国际设计三年展

宜家家居的样板间是典型的用物品营造场景的案例，非常成功也深为大家喜爱。在瑞典馆里，家居产品依然是重要的展示内容，但场景营造手法与宜家的现实主义有所不同。展厅整体环境中加入了曲回折弯的管道元素，不锈钢的管道闪闪发亮地吊在顶部，五颜六色的管道以平面形式贴在墙上，共同营造了一种工业与信息的通路感觉，也带来一种超越现实而又依依相连的情绪。家居设计品构成了家居环境中的几个小场景，厨房吧台区位于展厅中央，儿童游戏区、就餐区等被倒挂于顶棚之下，加强了超现实感觉，为家居增添了一份梦幻，也给并不新鲜的展品带来一份新意。

第2节 模型与图表

如果有需要展示的内容但无法将实物搬到展厅里，可以用模型和图表来呈现，比如城市规划，比如早已灭绝的恐龙。模型是三维的，图表一般是二维的，它们的表现形式虽然不同，但都是对实物、事件或情感的真实表现，并在一定程度上有所概括，使之更简洁、明晰、易于理解，从媒介表达的本质来看是相同的，因而将其归纳在一起来说明。根据模型与图表的功能目的与表达形式，将其分为三类：真实再现、概括说明与传情达意。

1. 真实再现

近年来全国很多城市都在大建城市规划馆，动辄要求做个上千平方米的城市沙盘，以直观地呈现出城市未来的发展前景。沙盘庞大而复杂，是一种非常具有代表性的模型。早在1964年纽约世博会上，展出了纽约全景沙盘，面积9335平方英尺（867平方米），沙盘不仅宏大壮观而且精准细腻，表现出了纽约城市中每一个建筑的色彩和造型。沙盘由一个100人的建筑模型制作团队耗时3年完成，成为了世博会上最吸引人的一个展项。世博会结束后沙盘随着纽约城市建设的发展而多次更新，最后定格于1992年，一共有895000座建筑物，它现在被收藏于纽约皇后区艺术博物馆（Queen Museum of Art），成为了镇馆之宝，依然吸引着无数观众前来参观。沙盘静静地陈列在一座幽暗的大厅中，大厅四周设有悬挑的玻璃桥，观众踏上玻璃桥可以全

图 4-22　people made a home in Golden Country，美国奥克兰博物馆 20 世纪初掘金工人在加州营建的家庭

图 4-23　瑞典馆家居产品的展示

方位俯瞰纽约，好似乘坐直升飞机游览城市。

在数字影像还未发达的年代，模型是一种最直观的表现预想设计物的媒介，可成为那些不能搬入展厅的实物的替代品。对于大尺度的实物和景观，模型通常是等比缩小的，具有真实的形态却不具备真实的尺度，观众按照比例在头脑中重建其真实的尺寸，才能真正体会到原物的风采。

早期静态的模型沙盘逐渐融入了声、光、电等元素，并在形态上也可以产生变化，使模型沙盘呈现出越来越多的表情。世博会中的城市未来馆里有一座表现生态能源的大沙盘，所有人工构筑物用透明亚克力制成，熠熠生辉，LED灯构成能源流，清晰地表明能源的来龙去脉，同时采用显示器展示地下断层中的动态变化，能量原本是看不到的，这里用灯光和影像将它形象化了。世博会博物馆中展示了几件往届世博会的经典建筑物，原本冷冰冰的模型在暖色光的映衬下现出几许怀旧的柔情。模型上方在透明玻璃幕上投射着360°动态影像，建筑物仿佛在空中旋转，也仿佛有了生命的气息。

城市足迹馆里展示了一件动态沙盘以表现两河流域的乌尔古城的崛起及其千百年来的发展变化。沙盘采用气压式升降模型，在一马平川的广袤大地上，塔庙、集市、王宫、住宅、城墙——逐次升起，灯光照明变化对应白天黑夜、日出日落。沙盘背景是宝石镶拼成的影像墙，本身透出古朴沧桑的气息，投射其上的影像带来了古城古老的故事，更增添了一份神秘。

电子沙盘近年来成了新的发展趋向，是三维模型与影像的准确结合。沙盘模型一般采用白色素模构建出城市的基本形态，同时也成了特殊的投影幕，灯光影像挥洒其上，不仅可以变幻出多姿多彩的景观，春天的清新、夏天的热烈、秋天的绚烂、冬天的冰雪，更能动态地讲述城市的规划发展，甚至可以看到汽车在街道上穿行，了解让国人烦恼的交通问题。

2. 概括说明

当表达的内容不太需要具体的形象与细节之时，表现的形式就可以更简洁概括，就像绘画从古典的细腻转变到现代的抽象。整体的感觉胜于信息的细节，少量明确的信息点胜于丰富而冗余的内容。

图4-24～图4-26　Queen Museum of Art, 纽约市沙盘

图4-27　中国船舶馆

图4-28　城市未来馆

图4-29　世博会博物馆

德国馆中为展示柏林交通网的发展,用多层玻璃叠加形成一个特殊的灯箱,每层玻璃上绘有一副标志年代的交通网络图,简洁的线条与不同的色彩交叠在一起,表达清晰而饶有趣味。

在纽约皇后区艺术博物馆里,有一个名为"A Watershed Moment"的专题展,这是为了庆祝70多年前首次发布的纽约市供水地图的展出。在展厅中央是已年过古稀的塑形地图,四周展墙上展示了70多年前纽约市建设城市供水系统的情况,每面展墙上由灰色与蓝色构成了简单的图形背景,蓝色部分是水系统通道一比一的横截面。观众惊讶地发现,纽约市的水系统通道建设竟如此有远见,最大的直径达四米多,小的也有两米多。从设计专业角度来看,这种简洁的图示语言——仅仅两种色彩表现一个简单的几何图形,带给观者不同寻常的震撼。

在比利时展馆中,人们在即将结束游览时经过一面丛林般的展墙,上面介绍了比利时历史上的名人。最醒目的是中部的黑白人像照片及其上部大大的、橙色的名字,其次是照片顶上小小的蓝色标识,表示此人所从事的领域,如画家是个调色盘,在照片下面是一堆小小的字,介绍此人的生平事迹。这样的排版充分反映了设计者对于信息点的把握,在世博会这样高强度的参观中,几乎没有人能停下来阅读成行的文字,因而只能以简洁、直观的方式展示最重要的内容——照片和名字,熟悉的人能找到共鸣,陌生的人在瞬时能留下些许印象,而这种列队式的排版和观众检阅式的观看,让观众知道了比利时有很多很多伟大的人物,也足够了,至于这些人为何伟大,只等极有兴趣的人停下来细看或回家后去查阅。

在韩国馆参观的尾声,出现了一系列中国人的名字,依次是"成龙"、"梁朝伟"、"张国荣"等,这是中国影星在韩国的影响力排行榜,展板也是用简洁的信息化语言来设计的,第一名的名字最大,第二名小些,第三名再小些,以此类推。这些名人已经知名到不需要多作介绍了,而这样的排列清晰地传达了信息点。

3. 传情达意

读图时代刚刚开始不久,影像时代就已急匆匆地到来了,世博会尤为

图 4-30、图 4-31 城市足迹馆

图 4-32～图 4-35 电子沙盘

图 4-36、图 4-37 德国馆,1900 年至 2010 年柏林交通网

明显，一些展馆的投影仪如果坏了，就只剩下一面面白墙了。影像制作的成本毕竟很高，影像也会消费掉观众更多的时间，综合性价比，传统的图像有其优势。因而在一些不太重要的空间或展示一些不太重要的内容时，图像依旧是不错的选择。这些图像直观地表达某种意义、情绪或渲染某种氛围，让人一目了然。如韩国馆用一系列人物图像来表现韩国民族的性格特点，城市历史馆用黑白线条插画图表现老上海的生活场景，城市未来馆用 3D 渲染图描绘未来城市的景象，它们都选用了符合时代特征的图画形式来表现相应的内容。

第 3 节 装置

装置艺术通常是在特定的时空环境里，将人类生活生产中的各种物质材料与媒介手段进行艺术性的选择、利用、改造、组合，以演绎出新的意蕴，来表达艺术家的思考、反诘与批判；它游弋于艺术理想与世俗生活之间，具有广泛的宽容度、现实的批判精神，也具有平民色彩的观念表达性；它通常夸张而富有趣味的形式也带来通俗的观赏性。装置艺术这些特点大多符合展览展示的需求，因而成了一种综合而宽泛的表达媒介，频频出现于各种展示之中。在各式各样的装置之中，有的根正苗红，源于艺术装置偏艺术性；有的偏重于内容，以展示思想、哲理为中心，媒介功能更突出；还有的偏重于表现客观事物，比如自然现象或机械原理，这一类多见于科技馆。

1. 艺术装置

在上海世博会的浦西展区，最高的构筑物是上海第一家发电厂的烟囱。老厂房变身为城市未来馆，烟囱成为了一只硕大的温度计——170 米高，实时探测着天空、地球甚至宇宙的体温，在夜空中散发着烁目的红光，警示着工业化引起的温室效应与全球变暖。

在城市未来馆展厅内有一座垃圾城市，由废弃的冰箱、轮胎、自行车、暖瓶、电扇等生活用品构成乱糟糟的一大团，悬挂于半空之中，在聚光的照射下，其投影幻化成一座高楼林立的城市剪影，是废弃的垃圾还是光鲜的现

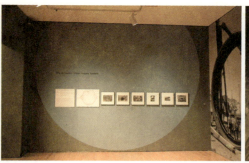

图 4-38 ~ 图 4-40　Queen Museum of Art, A Watershed Moment, Celebrating the homecoming of the relief map of the New York City water supplying system

图 4-41　比利时馆，比利时名人

图 4-42　韩国馆，中国人在韩国的影响力

代化城市？它们之间的联系令人思考。这两件装置采用了比较典型的艺术手法，利用旧物的某种特质，将其完全转换为新的形式，在新旧之间又存在一种意义的联结，并带给观众反思。

意大利馆内有个三层高的共享大厅，在这里汇集了经典的意大利艺术：建筑、音乐、时装，它们都以非同寻常的形式呈现出来，都可以看做是装置艺术的手法。大厅内游人如织，观众会不时地与几个三米多高的"巨人"擦身而过，他们面无表情，静默地俯视着芸芸众生。与其相映的是大厅一侧三层高的墙上，有十来组仪态相仿的"人"，他们共同展现着意大利时装的高贵典雅。另一侧墙上是一个完整的交响乐团，座椅与乐器各就各位，仿佛在等待乐手登台，难以想象在这样倒置的空间中会上演怎样一场精彩的表演！大厅中央是被解构的穹顶建筑，扶梯而上恰可穿越其中，不难领略到古典建筑的另一种风味。大厅整体就像一个大型艺术装置，既热闹又典雅，既通俗又艺术，带来了一种混杂的新意。

2. 内容装置

德国馆里也有一个"乐团"，是一堆乐谱架斜躺在一大片乐谱之上，每个乐谱架上是一位高歌的人像，前面立着几只麦克风，德国的工作人员会邀请你同他们一起演唱。这里表现的是德国的市民活动，简单的装置营造出热烈的互动场景，与意大利馆中的"乐团"相比，这个"乐团"虽小，却承载了更多的内容表达。

"梦想的果实与实践"是城市未来馆的重要主题内容之一，它表现了人类理想城市的九大诉求：安居、基本需求、机会、自然、网络、城市规划、完美、和谐与可持续发展。每种诉求采用一个六七米高的大装置来演绎。装置上半部分是一个大雕塑，雕塑大多非常直白地表达了主题：安居是有一家三口的城市剪影，基本需求是个青花马桶，机会是双手在接上空落下的东西，网络是一些五颜六色的管状物纠缠在一起，可持续发展是一架天平，一边是高楼，另一边是大树。下半部分看似是雕塑的基座，基座内设有以影像为主的多媒体，进一步详细阐述主题。内容装置通常是命题作文，背负着内容的重负，在形式上就会显露出一种束缚、无力或无奈与妥协。这九个庞然大物

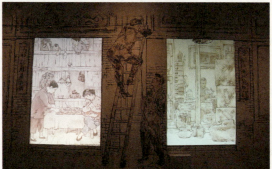

图 4-43　韩国馆
图 4-44　意大利馆
图 4-45　城市历史馆
图 4-46～图 4-48　城市未来馆
图 4-49　意大利馆

清晰地显露出了这种情绪。

3. 技术装置

与前两类偏于思想和内容的装置不同,技术装置把有趣的自然或科技现象通过简单的设备直观地呈现出来,达到易于理解的目的,它们没有思想与理念的负载,因而可以做得更单纯而精巧,在芝加哥科学与工业博物馆里汇集了不少这样的装置。一束光从下而上照射在一个小小棱镜上,棱镜缓缓地转动,经棱镜折射的光也随之缓缓地变化着色彩与图案,落在银色的圆形墙面上,美得炫目。光的折射大家都有所了解,而此刻才真正理解了光的神奇与美丽。还有个小装置如艺术画作般陈列在玻璃展柜里,展示齿轮联动结构,让人领略工业机械之美,玻璃柜外还有扳手,观众可以自己动手让齿轮转动,进一步了解它们之间的动态结构关系。科学通过艺术的形式来表达,让观众既学习了知识,又得到了美的享受,这应该是技术装置的一种最高境界吧。

另一种令人渴望的境界是以技术为基础,让技术与艺术完美结合。在德国宝马展厅有一组马达小球,每个乒乓球大小的小白球悬浮在空中,通过细线与一个小马达相连,小马达通过细线来控制小球上下运动的速度与停留的位置。数百个小球形成阵列,通过不同的运动与不同位置的组合,在空中幻化出一道流动的风景,宝马车的形态自然也包含其中,难以想象那数百个小球是如何控制得这样精准,能完成这样优雅而梦幻的表演的!

第 4 节　新媒体

新媒体通常指以计算机技术为基础,配合相应的新设备、新材料所形成的数字化的媒介。与传统媒介的单一性不同,新媒体展项通常综合应用多种媒介,除了单纯的演示类新媒体,大多具有不同程度的交互性。互动性和参与性是新媒体的重点与魅力所在,也是新媒体创新的基点,在数字技术与设备日新月异的时代具有无限的发展空间,成为了几乎最受追捧的一种展示形式,然而在展示应用中存在不少问题。

图 4-50、图 4-51　意大利馆
图 4-52　德国馆
图 4-53　城市未来馆安居

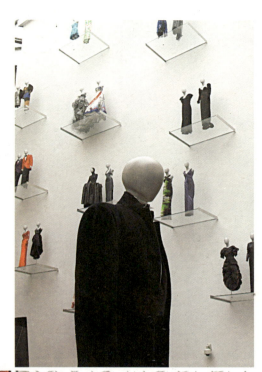

图 4-54　城市未来馆基本需求
图 4-55　城市未来馆机会
图 4-56　城市未来馆自然
图 4-57　城市未来馆网络

54	56
55	57

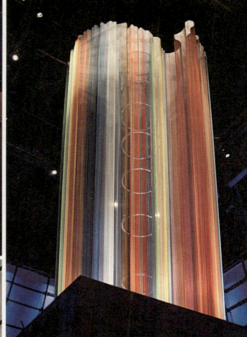

图 4-58　城市未来馆城市规划

图 4-59　城市未来馆完美

图 4-60　城市未来馆和谐

图 4-61　城市未来馆可持续发展

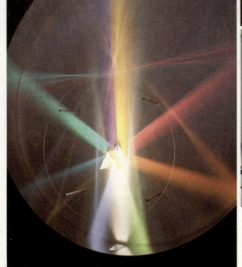

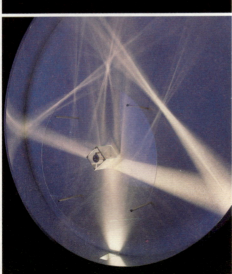

图 4-62 ～图 4-65　芝加哥科学与工业博物馆
Museum of science and industry Chicago

图 4-66　德国宝马展厅

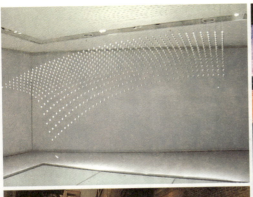

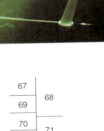

图 4-67 德国宝马展厅
图 4-68、图 4-69 上海企业联合馆
图 4-70、图 4-71 万科馆

图 4-72　电力馆
图 4-73　捷克馆
图 4-74、图 4-75　中粮集团馆
图 4-76　世博博物馆
图 4-77　山东馆

图 4-78　韩国馆
图 4-79　印尼馆
图 4-80　哈萨克斯坦馆
图 4-81　微软总部展厅 kinect 展项

1. 演示视频

演示类的新媒体简单地说就是视频，通过各种影视、二维三维动画以及图文编辑来制作，与传统影视相比，它的优势在于以数字技术为基础，内容不受限制，只有想不到，没有做不到。视频有显示屏和投影两种，显示屏本身没有什么变化，主要靠显示屏的包装和环境氛围的营造来创造新意。如上海企业联合馆在展示上海城市风貌的部分运用了大量视频，显示屏都是同样大小的矩形，而镶嵌显示屏的展墙描绘出了相应的主题氛围，有老上海石库门的怀念，有现代大都市的繁华。万科馆的"尊重·可能厅"讲述了保护野生动植物的故事，影像故事在普通的显示屏上播放，展厅的环境如一个环境装置一般表达了自然保护的概念，格外吸引人并能让人沉静地去观赏视频。投影比较灵活，投影影像的载体也更丰富，可以更自由选择对表达主题有所帮助的载体，透明玻璃幕、水幕、雾幕、墙上、地上、顶上……还可以与装置、实物相结合创造新的表达形式，比如中粮集团的若干个视频都投在巨大的碗内，很好地契合了企业形象。

2. 界面交互

互动新媒体的基本表达仍然是视觉的，通过显示器或投影来完成。显示器同时也是互动的界面，点击、触摸这个界面成了最基本、最常见的互动。触摸屏发展得很快，单点、两点、多点、小的、大的、超大的、透明的、墙面的、桌面的……在国内的各种博览会与博物馆应用广泛，数量之大远远超过了国外的同类展览，然而展示效果不太理想。

首先软件没有跟上硬件。内容制作的弹性非常大，所投入的时间与金钱直接决定展示效果，而国内布展人大多是重硬件而轻软件，观众往往点了几下就会发现没什么可看的。其次，平板电脑与智能手机的普及，使得触屏对于公众已经不是什么新鲜玩意儿，在展览中丧失了吸引力。界面交互的展示内容基本有两类，一类是对展示内容的深度解读，触屏就像一本图文并茂的电子书，需要花时间去观看而互动性不足，在普遍快节奏的展览会中，观众很难静下心去看上几分钟，而在可以慢节奏参观的博物馆中，实物的魅力大

图 4-82、图 4-83　哈萨克斯坦馆
图 4-84、图 4-85　2008 萨拉戈萨
　　　　　　　　　世博会中国馆
图 4-86　某品牌汽车新品发布会

于虚拟的电子书，也缺乏吸引力。另一类相当于电子游戏，通常专门为某个展览而设计的小游戏从形式到内容都缺乏吸引力，而观众喜欢的热门游戏也不需要到展厅里去玩。

在印尼馆参观的尾声，有一个宣传环保的小版块，在其最后有个特殊的签名册，观众可以用毛笔在一块屏幕上写名字，"触摸"触屏的介质不是手指而是毛笔，不禁让人眼前一亮想动手试试，而签名这样简单的互动可以在几秒钟完成，用毛笔在屏幕上留下墨迹有新意，同时也让人感受东方文化的意味。

3. 空间交互

一般的电子书通过触摸屏来翻页，还有一种比较大的电子书，观众只需要在空中做一个翻书的动作就可以翻页，这是另外一类新媒体互动，通过摄像头捕捉观众肢体的动态来传达互动指令，达到了与触摸屏相似的效果。由于没有特定的交互界面，因而这一类统称为空间交互。比如观众用手臂在空中比划就能在墙上"写"出字，"画"出画；地面上有鱼儿水中游的动态影像，当观众"一脚踏入水中"，鱼儿就会立即游到脚边。哈萨克斯坦馆的剧场等候区，观众可以通过双臂的飞行动作带领屏幕上的凤凰飞翔在世博园上空，鸟瞰世博会。这些在以前属于科幻的情景如今并不难实现。这一类交互的原理与当下流行的 wii、kinect 等体感游戏相同，通常会专为展览而开发，使内容与形式更符合展示活动的需求。

4. 增强现实

增强现实（Augmented Reality）将真实的物或环境与虚拟的物或环境实时地叠加到同一个画面中，常常呈现出梦幻般的效果，又称为混合现实。2008 萨拉戈萨世博会中国馆中有几架特殊的望远镜，透过望远镜，展厅内的景物都沉入了海底，各种鱼儿与海龟在展厅内游玩。

在某品牌汽车发布会上，随着金光闪现，主持人手持的白盘上出现了一辆小汽车，小汽车如孙悟空般纵身一跃跳到了舞台上，随即变到真实大小，主持人惊讶得大张嘴巴，还没有合上嘴，又一辆小汽车跳到台上……这奇妙

图 4-87　某品牌汽车新品发布会
图 4-88、图 4-89　2010 年上海世博会
　　　　　　　　台湾馆
图 4-90　生命阳光馆

的情景出现舞台的大投影屏上，现实舞台上的主持人依旧拿着空空的白盘子，现实舞台上也没有出现小汽车，主持人惊讶的表情只是为了配合虚拟影像的表演。

　　总的来说，新媒体展项以数字技术与硬件设备为基础，呈现效果则更多地依靠精心的设计与软件制作。由于新媒体设备迅速普及到家庭，单一的新媒体展项已经比较难吸引观众了，多种媒介的综合使用与创新的设计才能使之持续发展。

　　在台湾馆有放天灯的一个小互动，观众先在小触屏上选择心愿，点击后，天灯缓缓上升，从眼前的小屏幕飞到巨大的LED球上继续上升，LED球巨大的尺度感营造出真实的氛围，带给观众难忘的体验。生命阳光馆里有一架激光竖琴，琴弦由细细的激光线组成，用手指拨动激光琴弦就像弹真琴一样发出动人的乐音，激光琴唤醒了听觉，可以让人放松一下因为由观展而劳累的眼睛，同时感受数字创意的趣味。

第5章 综合运用

以上几章将展示媒介进行了全面的梳理,重点在于介绍展示手法的多样性。媒介形式不仅是为表达内容、传达信息服务,媒介形式本身也在表达。媒介虽有贵贱之别,但没有高低之分,重要的是运用得当,能够与展示内容相得益彰。作为展示设计者,深刻理解内容,确定整体理念,选择运用恰当的媒介并创新形式是通常的工作流程;观众的参观过程与设计工作是反向的,观众首先看到的是形式,从形式去感知内容、了解主题,形成整体印象,最后才能领略到设计理念。这一章选择了几个完整案例,不参考任何设计说明,顺着观众参观的进程,从观者的角度进行深入解读,进而去思考媒介形式的综合运用。

第1节 单纯与丰富

1. 西班牙馆

西班牙馆的外观在上海世博会上是最吸引眼球的,远远望去就能感受到西班牙特有的艺术气质,狂放、热烈而浪漫。整体造型由非规则曲面构成,宛如巨浪波涛般起伏,而波涛是由八千多块藤条编的藤板组成,藤板顺着波涛的走势有序地排列,如水纹般律动。由于它特殊的材质被昵称为"西班牙大篮子"——这个称呼实在有点辜负了设计师的创意。藤板的颜色深浅不同,设计的原构想是组成几个中国汉字,现场效果不太成功,如果不经介绍很难看出来;其实如果这几个字让人一目了然,反而会显得几分媚俗。完全由手工编的藤板深浅不一、纹理各异,使这个有些狂放的建筑层次丰富而细节生动,其制作过程也很具参考价值。据介绍,如何使藤条深浅不同颇费了脑筋,如果用颜料,破坏了天然的质朴也不环保。几经实验,最终采取了水煮的方法,藤条煮的时间越长颜色就越深。原生态的材质与原生态的工艺编制出十足的

"洋味",启示我们如何运用传统去创造未来。

西班牙馆的展览有三部分,第一部分是一个令人惊艳的"山洞",由巨幅的影像讲述西班牙从原始到现代的华彩乐章(参见第 3 章)。第二部分也运用了影像语言,形式效果却完全不一样,高大的展厅由几块长长的大屏幕充斥着,横着竖着斜着挂着躺着,以不同姿态组合,形成简单而具韵味的空间。每块屏幕上演着不同的内容,共同描绘从过去到现在的城市,影像有动态的也有静态的,有写实的也有艺术加工的,丰富而有韵律,再配上舒缓悠扬的乐曲,好似一座意象的城市,坐在"街角"呆呆地望过去,灵魂出窍一般,仿佛在看着自己的前世今生。

穿过一个细线的大帘子,帘子上投影着几个大宝宝在牙牙学语、姗姗学步,来到了第三展厅,这个展厅可以看到"大篮子"的内部效果,藤板的波涛如纱幔般笼罩在四周,藤条的间隙透过迷人的阳光,有点不真实的感觉。而展厅中唯一的展品增强了这种感觉,那是一个巨大的宝宝,即使坐着也有三四个人的高度,它会慢慢地眨眼睛,会动嘴巴,表情难以言表,不知是哭是笑,好像懵懂无知又好像历经世事。它宛若佛祖一般俯瞰着众生,又如真的孩子般无助无奈。按照三个展厅的逻辑,过去——现在——未来,第三展厅的主题是城市的未来,为何用这样一个大宝宝来演绎主题有点让人费解,简单地理解,孩子寓意着未来,这个大宝宝的复杂表情也许在表现对未来的困惑。其实对于很多艺术作品都是这样的,我们不必去深入探究它的意义,它为何如此,因为它带来了丰富的感觉,简单地去感受就好。

西班牙馆的三个展厅分别由三位艺术家来完成,每个展厅可以看作一件大型的艺术创作。第一展厅是综合的影像艺术,第二展厅是环境空间影像,第三展厅是一件大型艺术装置。它们都具有艺术的单纯性与丰富性,在形式上简洁单一,而表达的内容丰富细腻、回味悠长,同时也充分展现了国家文化。

2. 印尼馆

印尼馆远远望去并不起眼,横平竖直、浑身土黄,走进它才能感受它的与众不同。首先在于它的建筑装饰材料,无论外观还是内部,目所能及之处几乎全都是竹子,竹墙、竹顶、竹地、竹百叶窗……达到了建筑内外一致的

图 5-1 ～图 5-3　西班牙馆外观

图 5-4　西班牙馆

至高境界。相比西班牙馆的藤，印尼馆所采用的竹子在材质上的可塑性更强，因而空间界面的处理更细腻而多变。竹子以三种形态出现，自然状态的竹竿，工业化生产的竹板、竹柱，以及对竹竿的简单加工。前两种比较常见，第三种变化多且较有趣。其中最简单的做法是将竹竿密密地排列起来，形成竹墙；稍变化一下，排列间隔相同的宽度，就成为透气的隔断或格栅般的吊顶；稍微加工一下，将竹竿纵剖成两半扣在屋顶上，就成了长长的竹瓦片；再纵向多剖几刀，取中间的几片，每一片带有竹节的横隔，看起来像小梯子似的，拼起来形成了网格状的自然纹理，自然的形态比工业生产出来的整齐划一具有更丰富的形式。将竹竿横切，每一竹节段就自然成为一个小桶，装上土就成为了一个小花盆；将小竹筒纵向劈开几刀，开口端自然张开，就成为了一个颇具风情的小花盆；而将竹竿纵向切开一块就成为了长长的花槽。将竹筒横向切断成小段，像铺小地砖一般密密地排列嵌进地里，无数大大小小的圈圈延展开来，形成独特的地面铺装，风雅的竹子展现出了俏皮的一面。

　　印尼馆以传统文化为主要展示内容。在开敞的入口大厅，一侧有几条原生态的独木舟安静地漂荡于水面，另一侧有传统的器乐歌舞表演（参见第3章），里侧有一面颇有气势的面具墙（参见第4章），历史气息与艺术气质飘溢于大厅之中。展厅共有4层，用缓长的坡道相连通，展区之间没有硬性的空间分隔，形成开敞流动的整体，行走其中就像在观赏一幅缓缓展开的立体长卷，海洋资源与传统渔猎工具，雨林与自然保护，农业与传统稻作工具，传统乐器、传统纺织与服饰……传统生活的方方面面依次呈现。展示以朴实而精美的传统器物为主，配以图文和少量的视频作为延展说明，内容非常翔实，好似一座博物馆，有力地展示了国家传统文化。

3. 芬兰馆

　　芬兰馆名为"冰壶"，对于不懂得冰雪运动的观众来说，更像一只白色的大碗静静地伫立在一池清水之上，显露着北欧的清冷。"大碗"的周身覆盖着一层鳞片，形成美丽的肌理。鳞片型饰板是一种回收废料制成的木塑复合材料，在展厅中有特别的展示。

　　走过一段与道路平齐的小桥，跨过水面进入芬兰馆，来到"大碗"的

5	10
6	11
7	12
8	
9	

图 5-5 ～图 5-12　西班牙馆

图5-13　西班牙馆
图5-14～图5-19　印尼馆

图 5-20～图 5-26　印尼馆

图 5-27 ～图 5-33　印尼馆

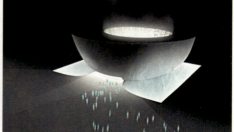

图 5-34、图 5-35　芬兰馆
图 5-36　芬兰馆 效果图
图 5-37　芬兰馆 制造饰面板的原料
图 5-38、图 5-39　芬兰馆
图 5-40　芬兰馆 效果图

中心,这里是个大天井,天井呈不规则圆形,"井壁"表面由灰白色的织物拼接而成,材质的柔性使造型形成了自然而优雅的曲线。顺着曲线抬头望去,"井口"圈定了一片高远缥缈的天空,天空成为建筑的一部分。井底是沉沉的、斑驳的木地板,地上蹲着一块黄色的山石,上面刻着中文"冰壶"二字,陪伴山石的是一段原木木桩挖成的垃圾桶。除了这两个自然形态的东西,天井中别无他物,令人只感到一片可以与上天应和的纯净,不禁想在这里做一只井底之蛙。

穿过天井,顺着坡道进入展厅内部,展厅呈环状包在天井外围。展厅内环一侧主要运用传统橱窗的形式展示芬兰经典的家居用品设计(参见第4章);外环略向外倾斜,是一面三四十米长、六七米高的环幕,上演着如梦似幻的未来城市生活(参见第2章)。影像巨大的尺度包围了所有观众,营造出了足够的沉浸感。展厅内部延续了建筑的纯净与清冷,通过灯光的渲染而更具感染力。芬兰馆从外到内,一如北欧设计那样简洁、典雅,令人回味。

西班牙馆、印尼馆与芬兰馆同属中等规模展馆,各具特色,虽然它们的主题内容不同、主要媒介不同、展示形式不同、建筑空间不同,但它们具有相似的设计理念,成为了优秀的展馆,让观众的旅程赏心悦目而有所收获。

首先去繁存简,在提炼内容与选择媒介上有明确的聚焦,形成了单纯的设计概念,让观众在信息量密集的世博会上有所记忆,这是行之有效的。继之,选择单纯的媒介、运用单纯的设计元素去表达设计概念。再将单纯的设计元素进行丰富的演绎,创造丰富的视觉效果与丰富的感受,达到单纯与丰富的统一。

西班牙馆以"我们世代相传的城市"为主题,由两部影像和一个大装置来演绎,没有其他任何展项,可谓大胆与大气得极单纯。同时高质量的影像制作带来了足够丰富的感观,沁人心脾,大宝宝的艺术装置带来的丰富感受也令人难忘。

印尼馆以"生态多样性的城市"为主题,展项繁杂,内容丰富,但都以印尼的传统文化为中心,实物是展馆中的绝对主角,内容与媒介都很单纯。同时,展品由各种传统器具与工艺品组成,琳琅满目,极其丰盛。

芬兰馆的主要宗旨在于营造一种"美好生活"愿景,建筑中自然地融入

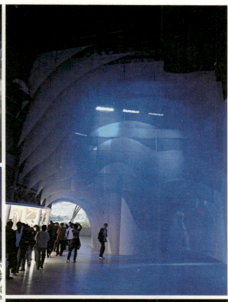

图 5-41～图 5-45　芬兰馆

了天、水、石、木等自然元素,这是美好生活的开始,极其简洁的形式中蕴含着丰富的意味。展厅内主要采用了实物与影像两种媒介形式,实物表现了现实生活的美好,影像展望了未来的美好,两者水乳交融,在统一的环境中呈现出纯净而丰富的感观。

三个展馆的展示设计一如它们的建筑,建筑外观都只用了一种材质——西班牙的藤编,印尼馆的竹子,芬兰馆复合回收材料制作的鳞片,这是一种极致的单纯,而单纯的材质通过精心的设计,将每种材质发挥得淋漓尽致,创造出丰盛的效果,可谓单纯得很丰富。

第2节 丰富与节奏

2000年世博会在德国汉诺威举办,2005年世博会在日本爱知县的名古屋进行,2010年世博会来到了中国上海。德国与日本都是世界上的展示大国,这几届世博会上德国馆与日本馆都是耀眼的明星馆,从规模到内容与形式,都可谓博览会的集大成者。2010年作为东道主,中国馆以更大的规模展现在观众面前,可与德国馆和日本馆比肩。

1. 德国馆

德国馆的建筑体量很大,呈不规则几何体,由各异的多面体构成。整体上部略向外倾,上大下小,后半部分顺地形之势而向上悬空,形成一种欲飞欲跃的动势,极具抽象的雕塑感,透露着热情与霸气,与人们印象中德国一贯的现代主义风格有所差别。建筑表皮采用了一种新型的网状织物,隐隐地透出内部支撑表皮的钢结构,谦逊中有些冰冷,它有效地制约着造型的热情与张扬,于是整体建筑在新奇与保守中构成了一种平衡,有力地表现了德国的创新,同时也有节地传达出德国的理性传统。

来到入口,顺着坡道缓缓向上,木质坡道两侧是起伏的草坡,颇具风吹草低的感觉,又一次在灰灰的工业建筑与清新的自然中找到了平衡。在坡道上会遇到两个"年轻人",那是专为展馆而设计的两位导游,男孩来自德国,女孩来自中国,他们通过图文一面讲述他们之间的友谊,一面带领观众参观

图 5-46～图 5-49　德国馆
图 5-50　德国馆　峡谷

展览。坡道上还设有一些宣传环保的小展台,展台很具有形式感,融入了文字、图表、视频、音频等多种媒介。蜿蜒辗转顺势而下,来到一道"峡谷","峡谷"两侧镶嵌着一系列大画框,每个画框中是一处德国著名的风景名胜,很多观众与其合影留念。

"峡谷"尽头结束了室外展示部分,以一条"动感隧道"作为连接室内外的通道,通道内有平板电梯带观众进入室内展厅。在这条蓝色调的多媒体隧道中,一侧用 LED 等组成抽象的线条型图案,另一侧是大 LED 屏幕呈现的点状矩阵影像,流光溢彩中伴随着各种声音效果,极具科幻感。

穿过隧道来到一个高大的蓝色空间,顶部悬挂着一串串球形的发光体及层层不规则的类圆形面,四周荡漾着水光波影,仿佛沉入海底一般,静谧而梦幻,没有什么具体内容,后来得知这一区域名为"蓝色港湾"。

继续扶梯而上,一番繁忙拥挤的景象呈现在眼前,不等的三角形面构成纯白色不规则空间,消解了墙与顶的界限,这一展区名为"未来规划室",用多种手法展现了城市设计的各个方面。建筑草图被投影在三角面上,仿佛设计师激情创作一挥而就。素色城市沙盘上,一辆小小的 smart 带领观众参观,沙盘一旁的投影演绎着相应的城市场景。模型与图文相连,展示住宅节能。娃娃家模型展现未来社区的生活形态,温暖的场景让人向往。无论是图文、视频还是模型沙盘,体量都不大,有机地融合于展厅环境的未来感之中。

随着展厅空间转个弯,眼前一片春意融融,这里是"花园"。"花园"里弥漫着斑斓的黄色、橙色与绿色,一片暖暖的自然,平面图像、小动画、小互动装置与新媒体影像等多种媒介形式精巧地融入其中(参见第 1 章)。可惜的是,"花园"相对于中国的人口密度实在有点小,拥挤得让人无法享受花园的惬意。

走出"花园"接着来到"储藏室",从地面到顶棚堆满几排木质包装箱。包装箱就是展柜,德国经典的工业设计产品展示于其中,说明直接印在包装上。储藏室旁边是"工厂",钢网墙围合出封闭的流水线,生产线上半透明亚克力的产品模型随着流水线缓缓地移动。几组新型原材料在生产线旁边以不同姿态成排地陈列着,可触可摸。"储藏室"和"工厂"带给人充实丰盈的感觉,表现了德国强大的制造传统。

图5-51～图5-54　德国馆　峡谷
图5-55　德国馆　动感隧道

图 5-56　德国馆　动感隧道

图 5-57、图 5-58　德国馆　蓝色港湾

图 5-59～图 5-63　德国馆　未来规划室

图 5-64 ～图 5-66　德国馆　未来规划室
图 5-67、图 5-68　德国馆　花园

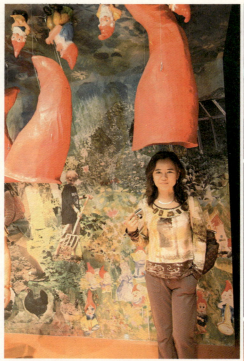

图5-69、图5-70 德国馆 花园

图5-71～图5-73 德国馆 储藏室

图5-74 德国馆 工厂

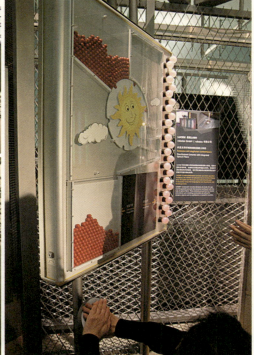

图 5-75 ~ 图 5-78 德国馆 工厂

图 5-79　德国馆 工厂
图 5-80～图 5-84　德国馆 广场

79	
81	84
82	80
83	

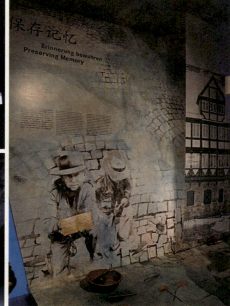

图5-85～图5-87 德国馆 广场
图5-88、图5-89 德国馆 动力之源前厅

走出繁忙的"工厂",来到"城市广场"。幽幽的蓝光勾勒城市的轮廓,透明投影幕上演绎着城市意象,面具上的喜怒哀乐,小屏幕上的万象人生,残墙角落留存的记忆,倾斜的合唱团中专注的神情……幽暗与闪亮、喜乐与悲苦、过去与现在、记忆与向往,"广场"上飘荡着多种难以言表的情绪,表现着德国人理性之外的丰富情感。

带着一种复杂心情——感知德国心灵的情绪,来到一处明朗的空间。这里以图文为主,图像的主视角采用了人物形象,每一块倾斜的展板上都有一两个灿烂的笑脸,让观者的心情也豁然开朗起来。在这里再次见到中德两位年轻人。这个展区介绍一个名为"德中同行"的巡展,在中国的不少城市已展出过,这个区域也可以看做是德国馆主剧场"动力之源"的前厅,用来疏解人流压力。

最后终于来到"动力之源"。这是上海世博会中新闻媒体曝光率最高的展项之一(参见第3章)。在前面已经见过几次的德国男孩和中国女孩真的出现在观众面前,穿着与照片上同样的衣服,欢迎大家来到德国馆,带领大家与"魔力球"互动。"动力之源"为德国馆留下了一个浓墨重彩的结尾。

德国馆的丰厚与细腻宛如一首经典的交响乐,室外展场如序曲,舒缓悠扬,信息量不大,让观众逐渐进入状态;进入室内展厅后,各个乐章密集而来,内容丰富、信息量庞大,能够感受到内在涌动的情感;经过一小段轻快的过渡,进入最后的高潮——剧场,调动起观众最高的兴奋点,乐曲结束在最强音。

2. 日本馆

日本馆有着含混不清的表情,圆钝的体态上伸着三支大犄角,像个可爱的大怪兽,周身包裹着淡紫色的膜,又有点太空站的科技感。日本式的暧昧中带着几分喜感,就像它的中文名字"紫蚕岛",也像它的馆标在咧着嘴似笑非笑。据说这是一座会呼吸的建筑,淡紫色膜结构能通风透气,还能利用太阳能发电。

等候区内悬挂着很多液晶电视,播放着参观注意事项,更多的则是日本馆合作伙伴的宣传,一系列日本知名大企业的广告滚动播出。等候区内为观众提供小扇子,沿着队伍有多处可以自取,标明每人一把。继而在展厅入口

图 5-90 德国馆 动力之源
图 5-91、图 5-92 日本馆
图 5-93、图 5-94 日本馆 序厅

不远处，站着两名大汉——工作人员，面无表情地将观众手中多拿的扇子一下"夺"回来，一言不发。与之相反的是，其他工作人员穿着粉嫩的制服，笑容可掬，不断点头鞠躬。

序厅中一幅4米多高的长卷在通道上空徐徐展开，描绘中日两国的历史交往，长卷融合了传统书法、工笔绘画与水墨风格的动画影像，展现了中日共同的文化传统。接着进入上行的隧道，踏上滚梯，一件件超大的日本传统工艺品迎面扑来，虽然只是图像的简单排列，但是绚烂之极，颇具感染力。后来看介绍才知道其中重点展示的是西阵织，一种日本的国宝级丝织艺术。走下滚梯来到展厅最高层，继续欣赏日本传统文化，开满樱花的小院、素雅的和室、典雅而绚烂的屏风……再次领略到实物的魅力。

顺着缓缓坡道下行，现代的日本出现在眼前，剪影人物描绘了现代日本的生活，大型影像展示了日本秀丽的风光。来到下一层展厅，科技感飘散过来，真实设备演示着污水处理、海水淡化等现代科技，大幅影像讲述着节能环保等问题。

接着来到一个小舞台前，观看暖场表演（参见第3章），按照日本馆"历史——现在——未来"的展示逻辑，暖场表演采用多种手法憧憬了未来生活，同时也讲述了另一条故事线——中日两国共同拯救朱鹮，为下一场大剧场表演铺垫了故事背景。大剧场的表演有点超乎想象（参见第3章），传统与现代的多种表演形式融合成一种另类的演绎，继续讲述朱鹮的故事，让不少观众看得颇为费解，也令日本馆含混不清的面貌更加模糊。

日本馆的整体节奏比较舒缓，开篇的历史部分如华丽的笛声从远处飘来，天籁一般动听；现代部分的各乐章有条不紊地展开，不紧不慢稍显平淡；暖场表演本应是高潮的前奏，但是信息量很大，表演时间不短，让观者感觉分量不轻，好在曲调轻巧；最后的大剧场表演婉转悠长，旋律优美而节奏缓慢，然而力度稍差，没能形成预期的高潮。总体上看日本馆宛如东方传统音乐，韵律悠扬但层次单薄，不似交响乐那样浓烈激荡。

3. 中国馆

作为世博园中最高的建筑，中国馆无论造型还是色彩都在张扬自己，

图5-95、图5-96 日本馆 电梯隧道
图5-97 日本馆 古代部分
图5-98～图5-100 日本馆 现代部分

抓人眼球的效果还不错。爬上高高的基座，乘上火车箱般的电梯，来到展厅顶层，首先到了序厅，高大的空间顶部有一圈红色漆器般的装饰，中间垂下一组高高低低的矩形柱体，柱体底面播放着一些中国老百姓的生活场景画面。从序厅进入展厅中心的影院。影院采用三折幕的形式，主题影片"历程"以一家三代的经历为线索，以史诗的气势讲述中华人民共和国成长的历程（参见第3章）。

走出影院来到"岁月回眸"展区。展区设置了一些家居环境场景，从20世纪70年代末到当今，通过还原场景的方式来展示我国改革开放三十年来人民生活的变迁。接着穿过一道解构风格的古典建筑大门，来到"智慧的长河"展区，那幅巨大的会动的清明上河图是新闻媒体中曝光率最高的明星展项（参见第2章），以至陈列于清明上河图对面的真实的国宝级文物没能引起太多关注。

游览完清明上河图之后来到"希望的大地"，一片发光的大树接着一片五光十色的"光之雨林"，视觉效果不错，有点穿越到阿凡达的错觉，只是不清楚展示的内容是什么。两片流光溢彩之间插入一段影片"同一屋檐下"，在两层实景小楼之中的超宽屏幕上表现了邻里和谐关系的美好愿景。小楼旁边有个巨大的玻璃柜，柜中竟是一片茂盛的水稻——袁隆平的超级稻，对全世界解决饥饿问题作出了巨大贡献的超级稻低垂着头，在昏暗的灯光中显得有些黯然。

结束了顶层的参观，沿着坡道下行去中间层展厅。坡道一侧悬挂着一排儿童绘画灯箱，那是从全国征集而来的，汇集了孩子们对中国未来城市的想象。中间层设置了一项特殊的游览，就是乘坐有轨小车游览中国从古至今的城市建设（参见第2章）。

最后来到底层展厅。这里名为"低碳行动"，以节能环保为主题。入口处上空密密麻麻地悬挂着玻璃球，球内是发光立体字"CO_2"，两侧展墙上汇集着发光的十字图形与描绘自然生态的影像，据介绍这一部分名为"自然警示"。紧接着进入环形展厅，"取之有道"、"用之有节"与"返璞归真"三个展区，逻辑严密地展示了我们在节能环保方面的所作所为。展厅内除了风力发电的风车模型、太阳能板、太阳能热水器、节能汽车等实物之外，采用了

图 5-101　日本馆 现代部分
图 5-102、图 5-103　日本馆 暖场表演
图 5-104　日本馆 大剧场

图 5-105　中国馆
图 5-106　中国馆 序厅
图 5-107～图 5-109　中国馆 影院
图 5-110～图 5-112　中国馆 岁月回眸

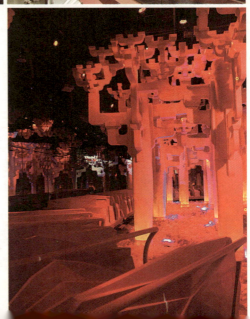

图5-113、图5-114　中国馆 智慧的长河

图5-115～图5-117　中国馆 希望的大地

图5-118　中国馆 连接通道

图5-119　中国馆 寻觅之旅

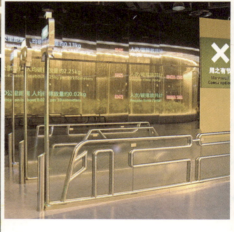

图5-120　中国馆　寻觅之旅

图5-121～图5-126　中国馆　低碳行动

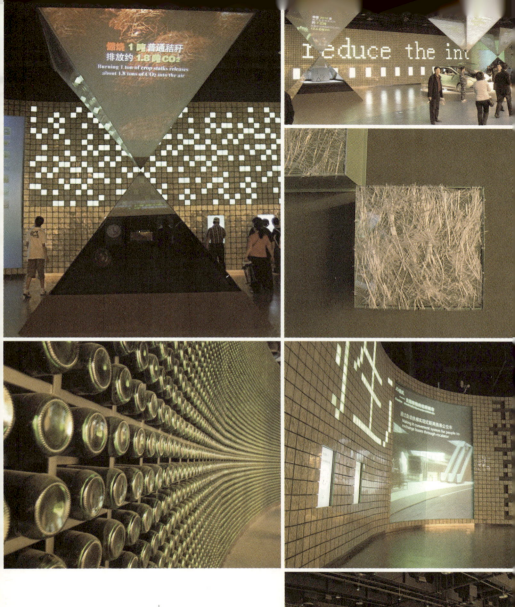

图5-127～图5-132 中国馆 低碳行动

大量发光字、动画、幻象等新媒体手法来展示图文。三个展区的大部分背景墙都由发光块阵列而成，蓝绿白光四处绽放，带给人不安稳、也不环保的感觉。比较有趣之处有两点，其一在"取之有道"与"用之有节"之间设置了选择通道，让观众选择通过公交、轨道交通或自驾车通道，通道旁的展墙上表示着不同交通方式的二氧化碳的排放量，这个简单的互动想必会给选择者带来某些触动。另一点是在"返璞归真"的部分背景展墙上使用了啤酒瓶和稻草块，尽管只是表面装饰，但看起来与环保主题还是比较贴切。

环形展厅的内环一面是沿着玻璃墙倾泻而下的水帘，通过水流大小的控制不停地变化着图形。水帘之内掩映着繁茂的荷塘，为完全人工而为的展馆带来一丝自然的气息，也喻示着美好的未来。

中国馆从内容组织上有些看不清章法，如果像德国馆与日本馆那样去理解，那就是一正式开场就锣鼓喧天，奏出强音，接着一直都是响锣重鼓，即展示亮点很多，但节奏上欠缺起承转合，直到最后一个乐章，锣鼓音渐小，反而出现了一些细腻的小旋律，最后有点小惊喜，以一丝天籁之音结束。

这三个国家馆中所展示的内容都相当丰富，丰富到有些过于庞杂，以至于看起来感觉有点累，在展示媒介上也都排列出豪华阵容，各种形式一应俱全，手法多样并力求创新。在这种情况下，节奏的把控尤为重要，即如何把强烈的音符与丰富的旋律编得疏密有致，成为一首更和谐优美的乐曲。

图 5-133、图 5-134 中国馆 返璞归真

后记　形式的盛宴

写作本书最初的想法来自于2010年上海世博会，7天早起晚归排长队奔波于各个展馆之间，有所得有所悟。笔者多年从事展示设计，也曾参观过2005年爱知世博会，参与过世博会某些场馆的设计，对于展示设计的认识一点点在积累，参观上海世博会加速了这种积累，产生了释放的想法，于是梳理思路从2010年9月开始断断续续的写作，没想到竟写了两年。这期间笔者到美国访学半年，另一位合作者到英国学习一年。所幸两年的沉淀对于世博会等会展活动和媒介的理解没有改变，能够经历时间的检验，在一定程度上说明这种理解是有一定价值的，至少对于写作者本人而言如此。故此将两年前最初写下的东西呈现于此，分享对于世博会等展览活动的理解，也希望能使读者更完整地理解综合媒介设计。

作为展览活动中的奥林匹克竞赛，世博会到底是什么？世博会是个复杂的综合体，看世博会有点像看《红楼梦》，仁者见仁，智者见智。学者们从各个专业角度研究它，文化、历史、经济、政治、科技、艺术、休闲娱乐、旅游度假……世博会如今俨然成为了一门显学。作为展示设计师，在感受它庞大与丰富的同时，总隐隐感到它的空洞与无力，它令人激动，又使人困惑……当听到有人说它是"二线品牌"时，突然之中释怀了：相对于奥运会，它是的。然而对于会展活动，对于展示设计，它无疑是终极梦想、终极舞台！世博会，聚集了展示之所有——所有形式、所有媒介，聚集了展示形式之最——最前沿、最科技！当上海世博会随着凛冽的寒风而迅速降温，当曾被它激荡的心灵沉静下来，世博会的模样却逐渐呈现出来。如今在世博会上，"自然、可持续"之类的主题和内容尽管听起来仍然铿锵有力，实际已经支离破碎，支撑起它庞大身躯的是林林总总的展示形式。就像"媒介即信息"，形式成为了重要的内容，而且几乎成为了最重要的内容。一定会有很多人站出来反对，大声宣扬世博会具有如何如何丰富而深奥的意义，那也一定没有错。然而，从观众的感受以及设计师的视角来看，那些意义是被放大了的光环，产生光环的根本终究还是世博园里各色的展馆，展馆里上演的是一场形式的盛宴——展示形式的盛宴。或许从世博会的历史发展来分析其本性，会看得更清晰一些！

· **世博会永恒的展品——新奇**

关于世博会有句名言："一切源于世博会"（或"一切始于世博会"）。这句话短促有力，让人印象深刻。给予它的注释大多为：许多伟大的发明创造都始于世博会，从相机到电视、从电话到手机、从汽车到飞行器、从可乐到方便面……通过世博会而传遍世界，进入并改变了人们的生活，进而改变了人类文明的进程。仔细想想，这里有个小小的文字游戏，这些发明创造并非是世博会孕育或激发出来的，世博会只是给它们提供了一个展示的平台、传播的渠道，让它们有个隆重亮相的场合。世博会的本质依然是个超大型的、国际性的展览会。不管世博会官方宣布的主题如何与时俱进，展示的内容如何丰富多彩，都没有逃脱一个略显肤浅的实质——新奇，它是世博会上永恒的展品。

19 世纪中叶，英国工业革命取得了举世瞩目的成就，为了炫耀其强大国力，英国决定在 1851 年举办伦敦万国工业大博览会，并邀请其他国家参加，展示各国先进的工业产品，着重于新生产技术、新生活理念的交流。直到 1933 年芝加哥万国博览会首次明确地提出了博览会主题："进步的世纪"，这是世博会的早期阶段。以"宣扬进步"为主题，以展示人类的文明成果与发展成就为中心，并结合举办国家的一些大型庆典，各种发明创造的展示体现了全人类的"新"，是绝对的"新"。例如，1876 年的费城博览会以纪念美国独立 100 周年为主题，展现了美国的技术和机械发明：收割机、打字机、电话等；1889 年的第四届巴黎世界博览会为了纪念法国革命 100 周年；1900 年第五届巴黎博览会的主题是"世纪回眸"——展示 19 世纪的科技成就；世博会也确实起到了推动进步的作用,如日本积极参与了 1873 年维也纳世博会，在派往维也纳的日本 77 人代表团中，有 66 人是工程师，他们在"世博会的工厂和车间"中专心学习研究。

从历史资料中可以看到，在见证最新的人类文明之余，异域的传统文化也同样受到欢迎，如中国在那一时期参加世博会，一向建起传统庙堂式的展馆，摆上传统手工艺品——陶瓷、丝绸、漆器、茶叶之类，传统产品还屡屡得到世博金奖。异域传统文化相对于世博会举办地的"新"，是相对的"新"。求新是人类的本能，只要看看不懂事的幼儿玩耍的过程就可以一目了然。"新"本身就意味着"奇"，世博会历史上呈现的猎奇对象更可谓登峰造极。"1851年伦敦世博期间，估计就有六万人徘徊在英伦。从遥远的东亚直至美洲新大陆，有非洲的黑人、中东的土耳其人，还有来自佛国的印度人，令人叹为观止。在资讯远不够发达的当时，要开眼界、饱看来自世界各地的特殊人种，那就去世博会吧！很快，世博承办方发现了游客的这一雅好，也为了展示帝国殖民的成就，世博会很快就开始特辟人种展示的区域。"① 1867年巴黎世博会上三个中国人也成了参观对象，一个是"身不满三尺"的侏儒，一个是"长八九尺"的巨人，另一个是"三寸金莲"的少妇，原为上海的娼妓。1904年美国圣路易斯城万国博览，组织了"文化人类学日"的展览和比赛，如让非洲黑人、印第安人、菲律宾人、阿伊努人、土耳其人和叙利亚人比赛爬竿等。中国人在19世纪末20世纪初曾经将世博会叫做"炫奇会"、"赛奇会"，其实很贴切。

  全球经历了两次世界大战及能源危机等之后，人类逐渐低下了高昂的头，借助世界博览会的平台来探讨全球的"可持续发展"问题，开始了对未来的思考，如1970年大阪世博会的主题为"人类进步与和谐"，2000年汉诺威世博会的主题为"人类、自然与科技"（参见附录1）。20世纪60年代，人类充满了对太空的向往，也迎来了世博会又一个兴盛时期。1962年西雅图世博会最吸引人的展示是波音公司的太空馆，每次安排750位观众体验10分钟虚拟遨游银河系的旅程。1967年蒙特利尔世博会，前苏联馆展示了前苏联宇航员加加林乘坐"东方1号"宇宙飞船首次成功进入太空的时刻，以及航天器模型、宇宙舱设施等，成为最有人气的展馆。美国馆最引人瞩目的是仿月球展品，一个高达123英尺的升降梯载着参观者掠过模拟的月球奇境。1970年大阪世博会，美国馆的月亮石是观众最受欢迎的展品。窥斑见豹，太空遥远而神秘，

---

① 吴海勇.Long之炫奇：百年世博的中国表情.上海锦绣文章出版社，2009.122页

综合媒介设计　　161

图1　1893年芝加哥，哥伦比亚世博会

图2　2005年爱知世博园外排队等候入园

图3　1867年巴黎世博会，中国人展示

图4　1970年大阪世博会美国展馆

自然是满足新奇的不二选择。展现太空的实物极其有限，于是，模型、模拟场景、影像、虚拟旅程等展示形式纷纷登场，带来更多新奇的体验，开启了展示的新形式。

进入 21 世纪，物质与信息都已过度，太阳之下已无新鲜事，前两个世纪的展示热点已经很难再吸引观众。新奇从何而来？展什么、如何展？成为对设计者的最大挑战。

· **世博会永恒的主题——观光娱乐**

自 1933 年芝加哥世博会起，每届世博会都有一个明确的主题，探讨人类如何发展并展望未来，摆出一副严肃的样子，大主题下面还有若干分主题，逻辑严密，好比学术研讨会。

笔者参观完爱知世博会后，便对于"世博会是主题展"这个说法很疑惑，感觉世博会更像个超大型庙会，与 2010 年网上流行的说法"世博庙会"不谋而合。在看完上海世博会后以游客的直观感觉，没有参照任何介绍资料，从展示内容的角度将参观过的展馆分了 6 类（参见附录 2），结果发现在 51 个独立国家馆中，以国家的某一两个特色为主要展示内容的最多，达 20 个，占三分之一还多，如芬兰和瑞典主要展示工业设计，比利时主要展示钻石加工和巧克力；其次是以国家历史、文化为主要展示内容，13 个，如土耳其、印尼；再次是全面但比较泛的国家介绍，有 6 个，如巴基斯坦和摩纳哥；与之相当的是以风光介绍为主、犹如旅游宣传，有 5 个，如新加坡和阿联酋；相比之下，让人能明确看出以世博主题为主要内容的最少，2 个，韩国和丹麦；还有 5 个比较综合，涵盖大部分以上分类，如德国、日本和中国。也就是说世博会几乎成为了国家形象推介会，所谓的世博主题大抵只是一厢情愿。在演绎主题方面，企业馆的情况好一些，15 个中有 3 个基本能一目了然。

主题好似一顶博士帽戴在了世博会头上，而世博会身上却穿着裤衩背心，一如世博园里的游客。这顶博士帽真是难为了各参展国和各参展企业、团体，在展示中既要演绎世博主题、又要宣传自己，还要吸引观众，很难兼顾，而且把文字的主题转化成空间的展示并不是容易的事。历史、文化、风光、特

图5　1967年蒙特利尔世博会，一些展馆看起来像马戏团的帐篷

图6　1851年水晶宫，2010年种子圣殿

图7　1851年水晶宫，2010年种子圣殿

图8　2010年法国馆，米其林厨房观看窗口与现场直播

图9　1867年巴黎世博会，中国戏剧表演

图10　1904年美国圣路易斯世博会艺术馆

图11　2010年上海世博会丹麦馆小美人鱼展示

色这些都是现成的，有大堆的物化成果，拿过来就可以用，还可以起到宣传形象、带动旅游的作用，何乐而不为呢？权衡轻重，把严肃的世博主题丢给专门的世博论坛①吧，高级别、大规模、够分量。展馆中的关于世博会主题的展示或者蜻蜓点水，或者云山雾罩，往往在介绍说明中才能看到。

经过参展者自觉的解构与重构，在世博园里，大主题基本被消解了，于是呈现出更多元的内容、更多元的形态，也更能满足"新奇"的供给，更能让人乐此不疲。于是顺藤摸瓜，找寻到了世博会真正的主题——观光娱乐。

以前一直认为看博览会的人是"观众"，后来天天看新闻播报世博会的"游客数量"，才明白应该用"游客"，其含义更准确。世博会曾是主题公园的孕育之地，在如今这个泛娱乐化的时代，世博会成为了无主题的乐园，大家看世博会的心态也越来越轻松，大多抱着开眼界、看新鲜的心态而来，与旅游观光无异。纵观世博会的历史，除了看新奇展品这个娱乐项目之外，各种观光娱乐项目层出不穷。

1862年伦敦世博会上新添了音乐会的形式，从此，世博会上开始举办各种文艺表演。1867年巴黎世博会，第一次出现国家馆，参展国建造了具有本国风情的国家馆及休闲设施，如奥地利酒吧、英国小酒馆、突尼斯咖啡屋、晚间音乐会等，煤气灯长亮，直到晚上11点。1893年芝加哥世博会开辟了大道乐园，各种娱乐活动包括体育活动、流行音乐、真人秀、马戏表演，甚至模拟军事战争游戏，中心位置是著名的菲力斯摩天轮，是世界上第一座现代摩天轮。在之后的数届世博会上都设有专门的娱乐场，如派克乐园、La Ronde游乐场等。1900年世博会，在巴黎埃菲尔铁塔的广场上设计了一个像跑马场那样的大放映厅，放映了人类史上第一部环幕影片——"跨越欧亚两洲的氢气球旅行"。1926年费城世博会，举办了多项高水平体育比赛，许多选手是1924年奥运会奖牌得主，还举办了多项动物展赛。1958年布鲁塞尔世博会，世博园里专门修建了高架缆车。1962年西雅图世博会的单轨电车和音乐喷泉都成为最受欢迎的项目。1967年蒙特利尔世博会上，有来自世界各

---

① 由上海世博会官方网站获悉，上海世博由展览、活动与论坛三部分构成，论坛分为高峰论坛、主题论坛与公众论坛，时间贯穿世博会整个会期，地点遍布全国，共有60多个。

地的著名马戏团到游乐场表演，还专门修建了23个大型水族馆和1个水鸟馆。1970年大阪世博会，几乎每个参展国家都在各自的国庆纪念日举行馆日庆祝活动，以各种不同的文化活动为世博会增添了喜庆的色彩，这项开创也成为以后世博会的保留节目。

如果说有什么源于世博会，第一应数现代的主题公园与游乐园。19世纪末在世博会上开创的大道乐园成为了美国娱乐园的代名词，直到20世纪50年代，世界上第一个现代意义的主题乐园迪斯尼才诞生。第二是现代旅游业，1841年，英国人托马斯·库克的公司组织了570人的团队包租火车从莱斯特去12英里之外的拉夫巴罗参观戒酒大会，标志着近代旅游业的诞生；1851年组织了16.5万游客赴伦敦参观首届世界博览会；1855年组织了50余万游客参观巴黎世界博览会，极大地推进了现代旅游的发展。

喜好新奇、需要娱乐原本是人类的天性，不必遮遮掩掩。奥运会以体育竞技这种和平的方式释放人类好斗的天性，满足人类挑战身体极限的愿望，"更高、更快、更强"，如此简单而纯粹。这种释放天性的单纯成就了奥运会成为全球最盛大的活动、成为绝对的"一线品牌"。如果世博会也这样更坦白一些，更简单一些，也许会更好。

· **世博会的王道——媒介与形式**

综合前面两部分的分析，世博会满足了人类喜好新奇事物的天性，是一场观光娱乐的盛会，"更新、更奇、更娱乐"也许可以成为它的主题口号。然而在信息泛滥与娱乐泛滥的今天，找到新奇之物与新奇之事已经不太容易，也就是在展示内容上很难达到吸引游客的效果。展览永远是内容与形式的共生，如果内容不给力，那么形式就成为了支撑，形式不仅表达内容，形式也是内容。就像中国馆里的清明上河图，让人津津乐道的是它的呈现方式——一百多米长的动画版，比展出真迹更吸引人，至于是否有游客从中读出了先人的城市智慧，那并不是重要的。

世界博览会自诞生之日，根据展示内容的差异，展示媒介可以分为三种类型：物质媒介、非物质媒介与环境媒介，不同的媒介意味着不同的展示形式。物质媒介通常是以实物展品的形式呈现，具体而真切地让观众观看；非物质媒介的称谓借鉴了"非物质文化遗产"，展示那些不具物质形态的内容，需要以人为媒介，比如各种技艺与戏剧；环境媒介指展示环境，或大尺度的场景型展品，它可以容纳更多的展品与观众，可以远远地欣赏也可以进入其中细细品味，属于沉浸式展示，1851年的水晶宫是最初的典范。

在普通的展览会上，物质媒介通常是最重要的；非物质媒介只是展会的附属品，起到烘托氛围、吸引眼球的作用，而展示环境往往是被忽略的。世界博览会从初始就呈现出另一番景象，环境媒介、物质媒介与非物质媒介成为三条主线，相互交织在一起，形成稳固的三角形，有力地建构了丰富多彩的世博会。水晶宫开创了现代建筑的新形式，也开启了世博会追求建筑创新的传统，使环境与物质展品二位一体，成为了最引人瞩目的环境媒介，2010年英国的种子圣殿再次印证了这一特点。早在1867年，中国人就远赴重洋在巴黎世博会上演出了中国戏剧；上海世博会上，法国人将米其林厨房搬至法国馆，观众不仅可以品尝法国大餐，还可以目睹大厨们的烹饪技艺；以各种技艺表演和文艺表演为主的非物质媒介一直是世博会的热点，并且随着影像技术的日新月异而不断加温，所占比例越来越大，成为很多展馆中最重要的内容，如上海世博会上，排队最长的沙特馆，馆内唯一的展项是号称全球最大的高清影院。物质媒介相对式微，19世纪末展厅中陈列的机床或电器足以让人兴奋；21世纪之初，爱知世博会运来了从西伯利亚永久冻土中发现的猛犸象骸骨；上海世博会上，丹麦请出了国宝及国家的象征"小美人鱼"，级别越来越高只为抓人眼球。而且，物质已经不局限于实物，随着新媒体技术的广泛应用也向着虚拟化发展。

跨越了150多年，比较其两端，1851年的英国万国博览会和2010年上海世博会，可以清晰地看到展示形式的显著变化——从实物陈列到虚拟影像，无论环境媒介、非物质媒介还是物质媒介。实物与虚拟，犹如黑白两极，其间还有更丰富的灰色阶——各种各样的展示形式，它们并没有绝对的界限，而是相互交融，呈现出极其丰富的形态。展示形式无论最新的高科技，还是最初的原生态，它们并没有先进落后的高下之分，重要的是恰当地运用、创意地组合。如上海世博会上的日本馆，在日本传统木构剧场里上演了一出现代昆曲，融合了能剧与音乐剧，以动画影像作为背景，以电动概念车为道具，较之其他展馆中的各种纯影像的大片，带来了更多的新鲜感。

  形式为王！这并非广告语。一直有个妄想，想知道上海世博会上总共用了多少台投影仪，也许这永远是个妄想，比较现实的是可以总结一下投影仪的各种用法，即这个新媒介的宠儿应用于哪些展示形式。把这个想法延伸，将各种媒介的不同黑白灰度的展示形式梳理一遍，摆上一桌形式的盛宴，不仅能从全新的角度理解世博会、理解展示设计，更希望它能滋养设计，生发出更多更新的创意。

附录1 第二次世界大战后历届世博会主题

1935年布鲁塞尔世博会"通过竞争获取和平"

1958年布鲁塞尔世博会"科学、文明和人生"

1962年西雅图世博会的主题"太空时代的人类"

1964年纽约世博会的主题是"通过理解走向和平"

1967年蒙特利尔世博会的主题"人类与世界"

1970年大阪万国博览会的主题为"人类进步与和谐"

1974年美国斯波坎环境世界博览会的主题为"无污染的进步"

1982年美国诺克斯维世界能源博览会的主题为"能源——世界的原动力"

1988年澳大利亚布里斯班休闲博览会的主题为"科技时代的休闲生活"

1992年意大利热那亚世界博览会主题"克里斯托弗·哥伦布：船舶与海洋"

1993年大田世界博览会主题"新的起飞之路"，副主题"传统技术与现代科学的协调"和"资源的有效利用和再利用"

1998年葡萄牙里斯本海洋博览会的主题是"海洋——未来的财富"

2000年汉诺威世界博览会的主题分别为"人类、自然与科技"

2005年日本爱知世界博览会的主题"自然的睿智"

2008年西班牙萨拉戈萨世博会"水资源"

2010年上海世博会"城市，让生活更美好"

2012年韩国丽水世博会"生机勃勃的海洋及海岸"

2015年意大利米兰世博会"滋养地球，为生命加油"

附录2　2010上海世博会各场馆主题内容

主题内容分类：

A类，整体介绍，关于国家、地区或企业，比较泛；

B类，以国家/地区的历史、文化为主；

C类，以国家/地区的某个特色为主；

D类，世博主题；

E类，以风光为主，类似旅游宣传；

F类，综合，涵盖以上大部分分类内容。

·2010世博会　国家/地区馆主题内容：

1. A 巴基斯坦——历史、文化、与中国的友谊、风光
2. A 沙特——国家景观
3. A 卢森堡——国家介绍、屋顶花园
4. A 摩纳哥——国家历史、城市景观、皇室
5. A 伊朗——国家概况
6. A 澳大利亚——国家总体介绍、不知所云的影片、形式新颖
7. B 卡塔尔——国家文化、风土人情
8. B 蒙古——传统文化、化石
9. B 斯里兰卡——传统文化手工艺表演
10. B 印度——传统文化
11. B 印尼——传统文化
12. B 波黑——传统器物
13. B 法国——文化，名画、米其林厨房、LV
14. B 爱尔兰——历史、文化
15. B 土耳其——古老文明，遗迹再现
16. B 西班牙——国家文化（从文明起源到当代热点）、当代都市感觉
17. B 意大利——文化（衣食住行、历史、现在）
18. B 哥伦比亚——国家风情

19. B 墨西哥——古老文明
20. C 朝鲜——城市景观、国家介绍
21. C 菲律宾——城市风情再现
22. C 尼泊尔——再现传统城市景观建筑
23. C 以色列——国家整体介绍
24. C 香港——信息城市
25. C 越南——传统文化、表演、竹子教堂
26. C 奥地利——音乐
27. C 白俄罗斯——儿童画城市
28. C 比利时——钻石、巧克力、欧盟
29. C 波兰——国家现代发展
30. C 俄罗斯——童话世界、艺术品、城市发展
31. C 芬兰——产品设计、梦幻影像
32. C 捷克——新媒体艺术、著名的塑像
33. C 挪威——自然
34. C 葡萄牙——能源，用金木水火土讲
35. C 瑞典——工业设计、象宜家
36. C 塞尔维亚——时间、日历
37. C 新西兰——城市风情、植物、刻独木舟
38. C 加拿大——新媒体，影片特好看
39. C 英国——种子圣殿、城市规划、实景表演
40. D 韩国——未来城市生活（大片，有点科幻）
41. D 丹麦——丹麦的城市生活体验
42. E 新加坡——新媒体游戏、MV、城市花园
43. E 泰国——风光
44. E 阿联酋——国家历史、风光——旅游宣传
45. E 澳门——文化、城市总体介绍
46. E 瑞士——风光（高清雪山风光、缆车看再现草原）
47. F 德国——很丰富,风光、发明、设计、制造、城市生活、文化、能源……

48. F 日本——很丰富,传统、现代文化、与中国的友谊(朱鹮)、高科产品、未来生活
49. F 台湾——风光、文化
50. F 哈萨克斯坦——国家历史、文化、风光
51. F 中国——历史文化、新中国历程、现代生活、绿色环保

· 2010 世博会 企业馆主题内容：
52. A 太空家园——历史、航天科技与城市生活
53. A 中国船舶——海洋、船……
54. A 中国铁路——中国铁路发展历史
55. B 震旦——文物
56. C 中粮——粮食
57. C 万科——绿色环保
58. C 电力——城市夜晚景象，电立方影片不知所云
59. C 韩国企业联合——新媒体互动
60. C 航空馆——驾驶飞机体验
61. C 可口可乐——品牌概念
62. C 上海企业联合——上海都市传统风情、人的能量
63. C 石油——石油与生活、中国开采石油历史
64. D 思科——信息科技与未来生活
65. D 信息通信——信息通信与未来生活
66. D 上汽通用——城市未来交通